新华社

全媒体高端访谈

新起点 新征程 新作为

论道陆家嘴·对话金融市场领导

中国经济信息社/编

上海人民出版社

编委会

致 谢

新华社新闻信息中心上海中心	金丽莉
新华网上海分公司	顾 梅
中国金融信息网	李 月 刘 凡 邹晨洁 彭 桦 赵 鼎 王 婧 吴 丹
东方广播中心	孙向彤 韩劲松 余 音
第一财经电视	汪 钧 张志清 金 瑜 王 磊 林 荔 林 云 谢林孜 俞 磊 梁培培 原瑞阳
东方网	郑闻文 夏 阳 曾 炟 邱恒元

资料提供

中央国债登记结算有限公司	宁新虎　闫彦明　赵沛舟　朱子升　乔　博
上海清算所	顾　瑛
上海黄金交易所	刘明明　夏方杰　王晓蕊
跨境银行间支付清算（上海）有限责任公司	李　娟　李媛媛　吴　冰
上海股权托管交易中心	韩梅梅

（排名不分先后，以采访时间为序）

目　录

二、访谈篇

序　言

“金融是国家重要的核心竞争力，金融安全是国家安全的重要组成部分，金融制度是经济社会发展中重要的基础性制度。”在2017年7月召开的全国金融工作会议上，习近平总书记从战略高度、全局角度对金融作出了新的明确定位。

纵观世界近现代史，大国崛起往往离不开金融强有力的支撑。放眼国际公认的几大金融中心，都与经济强国的地位相匹配。随着我国经济的发展，上海逐步建立起了比较完备的金融市场体系、金融机构体系和金融业务体系。根据规划，到2020年上海将基本建成与我国经济实力和人民币国际地位相适应的国际金融中心，迈入全球金融中心前列。

目前，上海集聚了股票、债券、期货、货币、票据、外汇、黄金、保险等各类金融要素市场，成为全球金融要素市场最齐备的城市之一。2017年上海金融市场交易总额约1438万亿元，拥有持牌金融机构1537家，成为中外金融机构的重要集聚地。金砖国家新开发银行、人民币跨境支付系统CIPS、全球中央对手方协会（CCP12）等一批重要的金融机构落户。上海国际金融中心在金融市场维度、成长发展维度、产业支撑维度等方面均表现出了强劲的发展趋势。

上海国际金融中心建设需要良好的舆论氛围鼓舞，改革蓝图的记录也离不开媒体的支持。2016年12月—2017年8月，上海市金融工作党委、市金融办、新华社中国经济信息社、陆家嘴金融城发展局、新华社新闻信息中心、第一财经、新华每日电讯、新华网、东方广播中心共同主办了“‘新起点　新征程　新作为——论道陆家嘴·对话金融市场领导’全媒体大型访谈”活动。

在为期九个月的时间里，中央国债登记结算有限公司、上海清算所、上海黄金交易所、跨境银行间支付清算（上海）有限责任公司、上海股权托管交易中心5家金融市场机构的主要负责人做客新华社高端访谈间，围绕金融市场对外开放、人民币国际化、多层次资本市场等热点议题畅所欲言，展现了金融市场各大主体单位响应中央号召，积极服务实体经济、防范化解金融风险的良好形象。

访谈期间，新华社和旗下的《上海证券报》、《金融世界》、新华社客户端、中国金融信息网，以及联合主办单位东方网、第一财经广播、东方财经·浦东频道同步播发了大量访谈内容，获得社会各界的高度评价。

百舸争流，奋楫者先。站在新的历史起点，上海金融系统将坚定不移地以习近平新时代中国特色社会主义思想为指引，不忘初心，牢记使命，众志成城，扎实苦干，与新时代的脉搏共振，与新时代的脚步同行，与新时代的声音齐响，奋力谱写出上海金融中心建设的新篇章。

最后，向为了"'新起点　新征程　新作为——论道陆家嘴·对话金融市场领导'全媒体大型访谈"成功实施和本书问世付出艰辛努力的各界同仁致以诚挚感谢！

一、综合篇

提“质感”重“温度” 上海构筑高质量发展新优势

新华社 姜 微 何欣荣

最新公布的统计数据显示，2017 年上海市生产总值首次突破 3 万亿元大关，经济账本有“质感”、民生指标有“温度”，全市发展站在了新的起点上。

长三角一体化取得多项新共识、全市上下开展“大调研”、把制度供给放在更突出的位置……瞄准构筑战略新优势，开年以来上海撸起袖子抓改革，彰显了“新起点上再出发”的决心。

提高站位，“更好代表国家参与全球合作与竞争”

新时代的背景下，构筑战略新优势，上海时不我待。

然而，如何做好发展的新文章，考验上海的定力和智慧。

“中央要求上海做的绝不是争全国第几。”上海市政府参事室主任王新奎说。提高站位、面向全球、面向未来，是上海 2035 规划中建设“卓越全球城市”的应有之义。

环顾当今世界，城市群正在全球经济中发挥越来越重要的作用。最新召开的长三角主要领导座谈会传递出明确信号：三省一市要共建内聚外合的创新网络，在长三角率先构建“区域协同创新共同体”。上海独树一帜的科技教育、人才资源和城市治理等优势，在长三角建设世界级城市群的过程中只会不断凸显。

上海的一系列新布局也体现了这一理念：基础性研究、原创性成果，是建设科技强国的重要标志。张江实验室去年 9 月底揭牌，实验室主任王曦说，实验室将建设成实现国家目标的战略科技力量基地。根据计划，今年上海将配合国家实验室筹建，服务保障硬 X 射线自由电子激光装置等大科学设施建设，推动北京大学、清华大学等在张江设立创新中心。

率先构建开放型经济新体制，上海落子如风：依托洋山深水港等区域，探索建设国内首个自由贸易港，方案已经上报中央。举全市之力筹办首届中国国际进口博览会，相关推介工作正在有序开展。

俯下身去，“坐在办公室里都是问题、走下去就都是办法”

“浦东能否考虑建设一个创业‘特区’，让创业者专心投入，打造新的‘筑梦空间’。”“建议抓住自由贸易港的优势，建设跨境自贸商品城，吸引更多跨境和转口业务的公司亚太总部落户。”……

在近期浦东新区召开的“问需问计”座谈会上，近十位民营企业家，纷纷给出自己的真知灼见。听众席上，除了浦东新区区委、区政府四套班子，还有十多个委办局的负责人。

“扑下身子了解问题”，这是上海市委向全市干部发出的号召。上海市委负责人说，很多看似难以解决的事情，“坐在办公室里都是问题，走下去就都是办法”。

从新年第一周开始，上海的党政机关开展了一场“进企业、进社区、进农村”的全覆盖调研。市委、市政府领导班子带头，“既问需，也问计”，让调研真正出实效。

发现问题、找准“堵点”，才能做到“供需适配”。在上海市嘉定区，区委书记马春雷从公交枢纽站乘专线一路来到嘉北郊野公园，从站点设置等细节思考公园品质。在杨浦区，一家金融科技公司关于上海和外地企业注册周期的比较，让区委书记李跃旗直言感到“揪心”，相关改进措施抓紧推进落实。

位于上海市北高新园的上海数据交易中心，最近迎来了上海市发改委的调研团队。大数据在城市管理方面有哪些应用？数据的获取、筛选和分析还存在哪些问题？互联网时代的服务，大数据是基础，也是面向未来用之不竭的资源。

上海市政府副秘书长、发改委主任汤志平说，上海正在大力培育平台经济、分享经济等适应时代特点的新业态、新模式，调研得到的建议，将进一步提升“上海服务”的能级。

做深做透，“让制度供给成为上海的核心竞争力”

从去年 2 月公布省级医疗器械招标结果开始，一年不到的时间，位于张江的逸思医疗已经将外科器械产品送入浙江的前十大医院，市场份额约 30%。

逸思医疗创始人聂红林说，企业能有这样的高速发展，既得益于自身的努力，也离不开监管新政的推动。去年年底，上海自贸区在全国率先试点医疗器械注册人制度。改革实现了医疗器械产品注册和生产许可的“松绑”，让创新成果更易问世。

“经济社会发展处于高速变动之中，新情况、新需求随时出现，就更要强调制度供给的及时性。”上海市委负责人说。当前，上海正在推进“上海服务”“上海制造”“上海购物”“上海文化”四大品牌建设。瞄准价值链高端，每个品牌都有新的内涵，对制度供给提出了新要求。

岁末年初，一系列新的改革措施在上海奔涌激荡：

——部市联动增强人才环境吸引力。2018 年年初，公安部在沪表示，为顶尖科研团队中的外籍核心成员申请永久居留提供便利。上海市委提出，打造各类研发、创投和服务平台，为人才提供更便利的“创新熟地”。

——提升效率让百姓更有获得感。2018 年 1 月中旬，上海市政府常务会议决定，在全市不动产登记启动“全网通”服务改革，居民办理不动产交易登记将从原来的 41 个自然日，缩至 5 个工作日。

——“刀刃向内”释放市场活力。最近，经国务院批准，浦东新区将进一步对商事制度、医疗、投资、建设工程等 10 个领域 47 项审批事项进行改革试点，在“证照分离”的基础上推进“照后减证”……

打造更快的“自贸区速度”、营造更强的创新“场效应”。瞄准高质量发展，上海已经迈开大步。

（原载新华网 2018 年 1 月 22 日，
网址：http://www.xinhuanet.com/2018-01/22/c_1122297192.htm）

拓路勇做先行者，埋首精耕试验田

——上海自贸试验区建设三年间

新华社 姜 微 季 明 何欣荣 于佳欣

位于中国海岸线中点、万里长江入海口的这片改革热土，再度吹响激活改革全局的冲锋号——

3 年多前，上海浦东外高桥，中国（上海）自由贸易试验区挂牌成立，揭开了我国自贸试验区建设的新篇章。

3 年过去，120.7 平方公里的上海自贸试验区交出亮丽成绩单：负面清单缩减三分之一，物流成本平均削减 10%，开立自由贸易账户 6 万多个，新注册企业超过挂牌前 20 多年总和，上百项改革创新成果在全国复制推广，以上海市五十分之一的面积创造了四分之一的生产总值……

习近平总书记对上海自贸试验区建设作出重要指示强调，3 年来，上海市、商务部等不负重托和厚望，密切配合、攻坚克难，紧抓制度创新这个核心，主动服务国家战略，工作取得多方面重大进展，一批重要成果复制推广到全国，总体上实现了初衷。

凸显新地位——从重大举措上升为战略举措

从国务院办公厅印发上海自贸试验区总体方案，到习近平总书记作出重要指示，建设上海自贸试验区已从“重大举措”上升为“战略举措”，凸显自贸试验区在国家改革发展中的关键性和引领性意义。

作为改革开放的试验田，上海自贸试验区进行的生动实践，印证了当代中国最鲜明的时代特色。

这是推进新一轮高水平对外开放的重大决策。

当前，世界经济复苏乏力，外需低迷，“黑天鹅”事件频出，全球治理体系和经贸规则正在加速重构……中国如何在国际规则制订中发出更多中国声音，注入更多中国元素？

“上海作为我国开放度最高的自贸试验区，积极接轨高标准投资贸易规则，加大改革试验力度，为我国参与国际经贸谈判和规则制订提供了依据。”商务部研究院副院长李光辉说。

开放迎来硕果累累。3年来，上海自贸试验区新注册企业4万家，新注册企业活跃度超过80%。其中，新设外资企业7300多家，占比从挂牌初期的5%上升到20%。累计投资境外项目超过1450个，中方投资总额超过490亿美元。

商务部部长高虎城表示，自贸试验区的鲜明特征是主动开放和非对称性开放，充分体现了服务国家战略的自觉和扩大对外开放的自信。

这是以开放促进全面深化改革的创新举措。

围绕打造可复制可推广的“制度高地”，而不是优惠独享的“政策洼地”的核心任务，上海自贸试验区先行先试，为新一轮全国性全面深化改革提供了巨大的制度示范效应。

制度创新的效果，最终由市场检验。

“运用‘先进区后报关’等制度创新，我们最近有一批服装货物，早上6时30分航班落地，10时10分就顺利出区，在自贸试验区创造了3小时40分的通关新速度。”中远空港保税物流有限公司副总经理孟路明表示，节省时间就是为企业创造利润。

3年来，上海自贸试验区已向区外推广261项成功经验。其中，国务院集中推广61项，各部门自主推广53项，包括投资管理领域46项、贸易便利化领域42项、金融领域16项和事中事后监管措施10项；上海等4省市自行推广147项。

“某种意义上，自贸试验区是否成功，就是看形成了多少符合国家战略、可复制可推广的制度。”中共中央政治局委员、上海市委书记韩正说，上海自贸试验区所有的探索创新和先行先试的内容，一切服从、服务于国家战略。

这是我国新一轮改革开放战略布局的重要支点。

“自贸试验区的建设与国家新一轮改革开放的总体战略布局相一致。”李光辉说，未来要继续加强与一系列重大国家战略联动，形成相互支撑、相互促进的局面。

专家指出，建设好自贸试验区，可以充分展现我国扩大开放的勇气和决心，全面落实互利共赢的理念和原则，有效助力我国新一轮改革开放战略布局。

谋取新突破——对照最高标准，查找短板弱项

在3年总结评估中，上海自贸试验区自身发现了一些突出问题，需要拿出举措、抓

紧解决，为全国改革先行探路。

改革举措系统集成不够，需要顶层设计、综合施策。

自贸试验区建设与以往改革最大的不同，就是不再聚焦在单个领域、单兵突进式的改革开放，而多数都需要跨领域、跨部门的协调。

复旦大学自贸试验区综合研究院秘书长尹晨认为，自贸试验区改革成效最明显的、市场主体获得感和评价最高的，正是改革措施系统集成比较好的领域，如企业准入“单一窗口”和国际贸易“单一窗口”。而进展较慢的、低于预期的领域，大多受阻于改革措施缺乏有效的系统集成。

目前上海口岸 95% 的货物申报、全部的船舶申报，都已通过单一窗口办理。上海市口岸办主任张超美表示：“下一步我们还将拓展该窗口的功能，把上海所有涉及外籍管理的部门都纳入单一窗口。”

扩大开放压力测试不够，需要更大勇气、更高智慧。

自贸试验区设立之初，就把世界最高水平的“开放标杆”作为建设目标。但在实际操作中，一些部门和领域在扩大开放方面仍然有些畏首畏尾。

在自贸试验区内落户的近 1800 个外资项目中，融资租赁、工程设计、旅行社等行业的扩大开放措施取得明显成效，而医疗、教育和增值电信等领域落地项目数量只有个位数。

上海市商务委员会主任尚玉英介绍说，适应国家双多边谈判的要求，上海自贸试验区将在提高贸易开放水平方面做更多压力测试。“前三年主要聚焦投资的开放，下一步要在贸易领域的开放方面做更多的压力测试，例如围绕扩大服务贸易的跨境开放研究管理制度的创新。”

就在今年 1 月中旬，四大会计师事务所之一的普华永道，宣布在上海自贸试验区设立的普华永道商务技能培训有限公司正式开业，成为中国首家外商独资的经营性职业技能培训机构。

“正由于自贸试验区清单将‘非学制类职业技能培训’向外资开放，才催生了这项创新性的业务。”普华永道大中华区主席赵柏基表示。

对标国际最高标准不够，仍需奋力攀登。

国际金融危机以来，全球经贸规则加速重构，开放标准越来越高、涉及领域越来越广、影响程度越来越深。

目前，在投资贸易便利、货币兑换自由、监管高效便捷、法制环境规范等方面，自贸试验区离“最高标准”还有很大差距。

上海市发改委副主任朱民表示，原来我国外贸以初级产品的大进大出为主，现在发展到集成电路、生物医药等复杂的高科技产品，旧的体制已不能适应。对标国际高标准，未来很多涉及自贸试验区的法律法规都需要进行修订。

赢得新机遇——大胆试、大胆闯、自主改

“中国建立自贸试验区，根本目的是建立法治化、国际化、便利化的营商环境。”上海市政府发展研究中心主任肖林说。

这意味着，随着国际环境的变化，自贸试验区的试验内涵会因时调整，但建设高水平、高标准自贸试验区的总体目标不会变，“大胆试、大胆闯、自主改”的改革精神也不会变。

坚持“大胆试、大胆闯、自主改”，需要把市场认可度和社会获得感置于改革靶心。

作为自贸试验区扩区后的首家外资认证机构，美安康质量检测技术有限公司执行总裁斯榕的感受是：“在自贸试验区，没有什么是不可能的。对企业开展新业务涉及监管的，政府不会轻易关上大门，而是先问问干什么。”

已与上海自贸试验区实现合署办公的浦东新区，正在以多元参与为特点，着力推进事中事后监管体系的建设。浦东新区区委书记翁祖亮说，自贸试验区和浦东新区关于事中事后监管的总体方案涵盖了政府、企业、行业、社会各个主体的监管职责。“只有全社会积极参与，全体群众得实惠，改革才有持续推进的不竭动力。”

坚持“大胆试、大胆闯、自主改”，需要试错容错的勇气。

商务部相关负责人表示，自贸试验区的改革创新会有风险，但风险是相对的，因循守旧规避了短期风险，但终将酿成停滞不前的长期风险。自贸试验区试对了是成果，试错了也是成果。试对了，就尽快总结推广，试错了，就及时改正完善。

3 年多来，自贸试验区通过完善外商投资备案管理信息系统，持续深化金融宏观审慎管理，较好地完成了压力测试的任务。

对外开放的尺度取决于监管能力的大小，自贸试验区需要进一步提高事中事后监管能力，守住安全底线。

坚持“大胆试、大胆闯、自主改”，要以可复制可推广为基本原则。

上海市委副书记、常务副市长应勇说，上海自贸试验区要力争取得更多可复制推广的制度创新成果，进一步彰显全面深化改革和扩大开放的试验田作用，努力当好全国改革开放排头兵、创新发展先行者。

目前，相关部门正按照“边试点、边总结、边推广”和“成熟一批、推广一批”的原则，定期集成能给市场主体带来实实在在好处的试点经验，形成系统化、一揽子的经验成果，多层次、宽领域、分类别地复制推广。通过加强交流，带动其他开放平台创新发展，特别要到中西部地区“传经送宝”，带动中西部地区扩大开放、创新发展。

春华秋实，朝烟夕岚。取得良好开局的上海自贸试验区，必将更大力度地转变政府职能，更大限度地激发社会活力，彰显自贸试验区在全面深化改革、扩大开放方面的试验田作用。

（原载《新华每日电讯》2017 年 1 月 4 日）

上海自贸试验区：善作善成再出发

新华社 姜 微 季 明 何欣荣

日前举行的中央全面深化改革领导小组第三十三次会议，审议通过了《全面深化中国（上海）自由贸易试验区改革开放方案》。这是继 2013 年 9 月挂牌、2015 年 4 月扩区之后，上海自贸试验区迎来的又一重要战略节点。

在本次会议上，提出了对照国际最高标准、查找短板弱项，加强改革系统集成，力争取得更多可复制可推广的制度创新成果等一系列要求。在新的历史起点上，上海自贸试验区只有坚持大胆试、大胆闯、自主改，才能继续当好标杆，进一步彰显全面深化改革和扩大开放的试验田作用。

看行动：快马加鞭、蹄疾步稳

一段时间以来，“逆全球化”思潮上扬、贸易保护主义抬头，世界经济面临更多的不确定性。

纵然惊涛拍岸，依然勇往直前。在过去三年“总体达到预期目标”的基础上，去冬今春，上海自贸试验区改革快马加鞭、蹄疾步稳，亮明“我国向世界全方位开放的鲜明态度”。地处开放前沿，上海今年头两个月累计实现外贸进出口总额 4808 亿元，同比增长 23%。

作为中国首家自贸试验区，上海自贸试验区承载的是先行者的使命，必须坚定制度创新不动摇，始终在重点领域和关键环节上不断取得可复制可推广的成果，为全国改革开放探路。

准入门槛进一步降低——作为全国最大的化妆品进口口岸，上海自贸试验区保税片区今年 3 月初在全国率先开展“审批改备案”试点。化妆品巨头欧莱雅集团作为“尝鲜者”，拿到了第一个企业试点账号。欧莱雅中国首席执行官斯铂涵说，新政实行后，企业将据此调整相关生产供应计划、增加对中国市场的投入，以期获得更好发展。

市场开放度进一步提升——过去三年间，上海自贸试验区在现代服务业和先进制造业等领域实施 54 条扩大开放措施，累计吸引 1800 多个外资项目。上海自贸试验区管委会透露，今年将进一步放开会计审计、建筑设计、评级服务等领域对外资的限制。

营商环境进一步优化——上海自贸试验区所在的浦东新区，去年在全国率先开展

“证照分离”试点。浦东新区区长杭迎伟说，今年浦东新区将谋划“三全”改革新作为，即企业市场准入“全网通办”、个人社区事务“全区通办”、政府政务事项“全域共享”，依托网上政务大厅，构建“互联网＋政务服务”的新体系。

改革不停顿，开放不止步。上海市市长应勇表示，按照中央要求，到2020年将把上海自贸试验区建设成为投资贸易自由、规则开放透明、监管公平高效、营商环境便利的国际高标准自由贸易园区。

明方向：深处着力、对标最高

自贸试验区改革，是一项复杂的系统工程。既要有“撸起袖子加油干”的激情，也要有“从空中俯瞰全局”的视野。无数次改革实践证明，只有坚持正确的方向，方能“路虽远行必至，事虽难做必成”。

方向如何定，新路怎么走？在党中央的关心指导下，在过去三年扎实试点的基础上，上海自贸试验区新一轮的改革思路，已经一步步明晰起来：

——向着深处着力，推动改革纵深。自贸试验区挂牌三年来，累计推出上百项改革创新措施在全国复制推广。“其中，成效最明显、市场主体获得感和评价最高的，正是政策措施系统集成比较好的领域。”复旦大学上海自贸试验区综合研究院秘书长尹晨表示。

深化自贸试验区改革，就是要在系统集成上持续发力。作为最早挂牌的试点区域，上海自贸试验区保税片区近年来推出国际贸易、企业准入和境外人才服务3个“单一窗口”，推动监管信息互联互通，被市场主体广泛点赞。接下来，“单一窗口”还将进一步提高集成水平，实现更多的管理和服务功能。

——对照最高标准，实现更高站位。建设开放度最高的自贸区，始终是上海自贸试验区的目标，为此，就必须对标国际最高标准的贸易和投资规则。上海自贸试验区海关工作组综合组副组长杨琍介绍说，工作中会经常把世界经济论坛公布的贸易便利化报告等作为参考，结合我国实际具体加以推进。

上海自贸试验区还将在更高站位上与“一带一路”等实现联动。上海社科院国际贸易室主任沈玉良认为，我国在“一带一路”沿线已经拥有多个境外经贸合作区，上海自贸试验区可以加强与这些园区的对接，更好地服务中国企业走出去。

振精神：解放思想、勇于突破

改革，是新时期的万里长征，尤其需要精气神。

作为全国新时期改革开放的新标杆，上海自贸试验区所走的是一条没有前人走过的道路，所遇到的问题是没有现成答案的问题，这就需要这块热土必须始终保持一种特殊的精神状态，始终保持“锐意创新的勇气、敢为人先的锐气、蓬勃向上的朝气”，始终做到“大胆试、大胆闯、自主改”。

作为研究自贸试验区的专家，尹晨在调研中曾听到有人担心上海自贸试验区头三年改革过后，会出现类似于短跑冲刺后的“极点效应”，精神出现懈怠。

但事实上，从中央到地方，从政府到企业，各方仍然保持着锐意创新、奋楫争先的势头。就在去年总结上海自贸试验区三年建设工作的时候，中央有关部门和上海市不约而同地没有把重点放在已经干成了什么，而是关注还有哪些没有干成，还有哪些没有干好，还有哪些可以干得更好。

“正是因为有着清醒的认识、明确的使命、充分的准备，上海自贸试验区新的改革开放方案才能在这么短的时间内提交中央审议，中央全面深化改革领导小组也才会在全国两会后的第一次会议上研究这个方案。”全国人大代表、上海社科院院长王战说。

坚持问题导向，查找短板弱项，树立了更高的发展目标。过去三年里，上海自贸试验区面上的改革已经铺开，制度和规则的框架基本形成。在接下来到 2020 年的时间里，自贸试验区建设将进一步“抓实抓细”，在重点领域、关键环节实现突破，形成“枝繁叶茂”的制度产品体系。

良好的精神状态，激发起上上下下的改革热情。上海自贸试验区管委会张江管理局副局长王维刚说，去年年底挂牌的张江跨境科创服务中心即将迎来正式运作。借助这些改革平台，张江率先形成对生物医药和集成电路两大新兴产业的专业监管模式，可进一步释放市场活力。

着力系统集成，围绕改革中心目标，推动改革“迭代升级”、“加强联动”。无论是同上海国际金融中心和具有全球影响力的科创中心建设的联动，还是与长江经济带等国家战略联动，上海自贸试验区的改革效应不断辐射放大，在全国范围内起到了“苗圃地”、“试验田”的作用。

“上海要始终立足大局思考谋划各项工作，以更高的站位、更宽的视野，服从服务好国家战略。”中央政治局委员、上海市委书记韩正说，通过在深化上下功夫、向高标准看齐、以求实效为根本，切实做到“四个新作为”。勇当排头兵、敢为先行者的上海，必将在改革开放的征程中，不断增强吸引力、创造力、竞争力。

（原载《新华每日电讯》2017 年 3 月 26 日）

算好三笔账，上海自贸试验区以改革新作为赢得发展新空间

新华社　季　明　何欣荣　于佳欣

作为我国已获批 11 个自贸试验区中的“领头雁”，上海自贸试验区在形成 100 多项制度创新成果的基础上，不断解放思想、开拓创新，以改革新作为来赢得发展新空间。

算好“开放账”，加大压力测试的力度

构建开放型经济新体制的“四梁八柱”，是上海自贸试验区的重要使命。自发布全国首份外商投资负面清单后，上海自贸试验区的清单长度不断缩短。目前，上海自贸试验区 90% 左右的国民经济行业对外资实现准入前国民待遇，超过 90% 的外资企业通过备案方式设立。

作为第一家入驻上海自贸试验区的海外游戏机企业，微软 Xbox 事业部中国区总经理谢恩伟说，原来受政策限制，海外游戏机进不了国内。负面清单放开后，Xbox 在华软硬件销售保持了两位数增长，微软方面因此考虑更大的投入。

“开放游戏设备不仅把尖端技术带入中国，也为本土游戏开发者走向国际提供了便利。”谢恩伟说。

商务部统计显示，截至 2017 年 4 月，上海自贸试验区累计设立外资企业 8734 家，吸收合同外资 6880 亿元人民币。上海经验推广后，广东、福建、天津 3 个自贸试验区累计设立外资企业 12 712 家，吸收合同外资 11 357 亿元人民币。也就是说，4 个自贸试验区以十万分之五的国土面积吸引了全国十分之一的外资。

坚持开放不停步。上海市市长应勇说，下一步上海自贸试验区将在电信、互联网、文化、文物和航运等专业服务业和先进制造业领域进一步放宽投资准入，成熟一项推进一项，加大扩大开放的压力测试。

根据国务院印发的最新方案，上海还将在洋山保税港区和上海浦东机场综合保税区等海关特殊监管区域内，设立“自由贸易港区”。对照国际最高标准，“自由贸易港区”将实现区内货物与境外的自由进出，拓展新型贸易发展空间。目前，具体方案还在研究制定中。

算好“创新账”，让创新要素聚合裂变

左边国检，右边海关，走进刚建成不久的上海张江跨境科创监管服务中心，可以看到这样一个关检联合申报大厅。今年3月底，中心启动试点运行。企业在家门口一站式搞定进口试剂、耗材的通关，整体通关时间由原来的2—3个工作日缩短为6—10小时，跨境研发的便利度大大提高。

正如张江跨境科创中心展示的那样，实现自贸试验区和国家自主创新示范区“双自联动”，是上海自贸试验区扩区后的一大特色。除了跨境研发，上海自贸试验区还将探索“法检清单制”，清单以外的检验检疫项目全部向市场开放，认可第三方机构的检测结果。

科技创新要实现“纸变钱”，转化是关键。上海市委常委、上海自贸试验区管委会主任翁祖亮表示，上海自贸试验区将搭建一系列产学研高效转化的平台。比如，继生物医药代工试点之后，探索符合条件的医疗器械注册申请人，委托有资质的制造企业生产产品。同时，推进设立中国浦东知识产权保护中心，做到快速获权、快速确权和快速维权。

要让经济发展实现创新驱动，人才是根本。2017年4月，浦东新区人社局表示，外籍人才可凭上海自贸试验区管委会出具的推荐函，到出入境管理部门申办外国人永久居留证。

外籍人才的认定标准中，创新所占的比重非常高。自贸试验区内的国家实验室、工程实验室、外商投资研发中心等科研机构的负责人，均符合认定标准。下一步上海自贸试验区还将在高端人才集聚方面再拿出一批突破性措施，完善国际化的人才环境。

算好“减负账”，改革红利成为增长动力

“原来申办一张《公共场所卫生许可证》，需要大约20个工作日。证照分离改革后，只要我们承诺可以达到办证所需要的条件，当场就能拿到证，省去了来回奔波的人力和时间成本。”天启者公司证件经办人员傅雷说。

傅雷所说的证照分离，是浦东新区和上海自贸试验区为缓解“办证难”推出的重要改革试点。针对116个市场准入许可事项，改革分取消、备案和告知承诺等五种方式进行改革，不少企业“点赞”。仅今年一季度，通过告知承诺方式办理的《公共场所卫生许可证》达到287件。

证照分离改革，只是自贸试验区提升政府治理能力的一个缩影。上海自贸试验区在国内率先开展工业产品许可证改革，企业由原来的“一品一证”变成“一企一证”。首个试点企业一次申请三个类别产品的生产许可，节约检验时间27天，减少费用近2

万元。

金融改革是上海自贸试验区的重点内容。通过自由贸易账户开展跨境融资、人民币双向资金池等一系列金融创新，区内企业在资金融通和降低融资成本方面感受到实实在在的红利。

截至 2017 年 3 月底，区内企业通过自由贸易账户获得本外币融资总额超过 8000 亿元，有效支持了实体经济发展。根据计划，未来上海自贸试验区管委会将推动自由贸易账户体系向浦东新区全区覆盖，让改革的红利进一步释放。

上海市委常委、常务副市长周波说，新一轮上海自贸试验区改革方案更加突出改革系统集成，不搞单打独斗、单兵突进，而是全面深化改革，增强制度创新的整体性、协调性、协同性和系统性。

（原标题为《算好三笔账，上海自贸区以改革新作为赢得发展新空间》，
原载新华网 2017 年 6 月 8 日，
网址：http：//www.xinhuanet.com/fortune/2017-06/08/c_1121110139.htm）

“沪上金融家”：展示中国金融实力的“名片”

新华社 桑 彤

2017年12月6日，中央国债登记结算有限责任公司（简称“中央结算公司”）上海总部正式设立，中债担保品业务中心正式揭牌，上海关键收益率指数（SKY）首次发布……随着各类金融要素和功能不断向上海集聚，一批兼具专业背景、国际视野、丰富经验的金融人才闪耀浦江。6日揭晓的2017“沪上金融家”榜单，正是“才因城聚、城以才兴”的最佳诠释。

英国智库Z/Yen集团和国家高端智库中国（深圳）综合开发研究院今年发布的“全球金融中心指数”报告显示，上海排名上升为第6位，首次进入全球前十，成为全球金融中心的“新坐标”。

金融人才的中国情怀和国际视野

中央结算公司4日将其人民币债券跨境发行中心、人民币债券跨境结算中心、中债担保品业务中心、中债金融估值中心和上海数据中心五大功能平台迁入上海，上海国际金融中心在全球的定价权、影响力和资源配置能力不断增强。

“沪上金融家”行业领军人物、中央结算公司监事长、上海总部总经理白伟群说：“上海自贸区债券市场将聚集全球的发行人、投资者，成为联系在岸市场和离岸市场的重要节点，打通境内境外人民币流通渠道，推动人民币国际化发展。中央结算公司上海总部的成立，将服务全球人民币债券市场。”

此次登上“沪上金融家”榜单的金融人才，来自证券、保险、银行、期货、基金、外汇、股权交易等领域，兼具中国情怀和国际视野。

中国外汇交易中心副总裁许再越是典型的跨界人才。从专注容错计算、航天等领域的计算机科技，到从事银行间市场系统设计开发、技术标准制定，他先后主持完成了银行间本外币交易系统十余项全国性系统建设。

“我们要在把握国际标准发展脉络的前提下，积极参与金融科技领域的国际标准研制，增强全球金融科技发展的话语权，以此提升我国金融标准的国际影响力。”许再越说。

在劳合社大中华区负责人、劳合社保险（中国）有限公司董事长高璁看来，劳合社中国不仅是将海外先进的保险经验和产品“引进来”的重要平台，而且还帮助中国保险企业“走出去”，为加深中英两国在金融保险领域的交流合作贡献了力量。

积极打造金融人才高地

上海对金融人才的“引力”还在不断增加。2017 年初，上海市政府发布《上海金融领域“十三五”人才发展规划》，明确到 2020 年，上海将基本形成门类齐全、结构合理、流动自由的金融人力资源体系，基本建成具有全球影响力、吸引力、配置力的国际金融人才高地。

作为我国金融机构集聚度和国际化程度最高的区域，上海陆家嘴金融城目前已集聚近 4 万家企业、20 多万金融从业人员，逐渐成为国际知名金融机构在华发展业务和全球优秀人才的重要集聚地。

CFA 协会亚太区董事总经理连伯乐说：“随着沪港通、深港通、债券通以及 A 股纳入 MSCI 指数等一系列中国金融市场对外开放的里程碑事件取得进展，中国金融与世界的互联互通日益增强，这也意味着需要更多具有国际竞争力的金融人才。”

上海自贸试验区陆家嘴管理局局长王华表示，陆家嘴金融城将凭借国内最完善的金融生态环境，最开放创新、兼容并蓄的政策环境，最国际化、多元化的文化氛围，为优秀金融人才事业发展提供广阔的空间，为全球各层次专业人才搭建施展才华、实现理想的绝佳舞台。

在承担历史使命中提升竞争力

“上海国际金融中心近年来在全球竞争力显著上升，亚太地区金融中心赶超欧美传统金融中心的步伐正在加快。”“全球金融中心指数”报告首席作者、Z/Yen 集团副董事长马克·耶恩德尔说。

上海国际金融中心不断“进位”背后，是国家实力的强势“背书”。正是在承载“四个中心”建设、全球科创中心、自由贸易区等国家战略的宏伟事业中，上海国际金融中心蓬勃发展、勇立潮头。

业内人士认为，上海自由贸易港的提出，将赋予上海国际金融中心更大的历史使命和时代机遇。

近期在上海成立的农业银行资金交易中心提出，在探索建设上海自由贸易港的进程中发挥积极作用。汇丰银行也称，未来将继续运用跨境优势以及在海外自由贸易港的成功经验，积极支持上海自由贸易港的探索和建设。

金融基础设施和各类市场机构在上海的功能集聚和业务创新，在完善金融市场体系、提升国际金融中心功能、金融资源配置功能等方面发挥了重要作用。上海国际金融中心建设正逐步从追求扩大规模转向更加注重提高质量，从追求集聚资源转向更加注重提升功能。

（原载《新华每日电讯》2017 年 12 月 7 日）

中国未来要有和强国匹配的世界领先交易所

——专访上交所理事长吴清

新华社　许　晟

据世界交易所联合会2017年9月统计数据显示，截至9月底，沪市IPO筹资额已达世界第二，总市值世界第四。上海证券交易所理事长吴清日前接受记者采访时表示，国内交易所仍存在大而不够强的问题，当前我国有利于资本市场开放的条件越来越多，要有和未来强国地位匹配的世界领先交易所。

我国交易所已走到国际较中心位置

"从QFII、QDII、RQFII，到沪港通，再到纳入明晟指数，这些都是我们资本市场对外开放的重要标志。"吴清说，近年来，随着越来越多的境外投资者进入我国市场，不少专业中介机构通过合资投资银行、合资基金管理公司等方式，参与到我国市场中来，资本市场的对外开放不断扩大。

具体到行动上，上交所近些年成果不少。如在持续优化沪港通的基础上，上交所目前已就沪伦通进行初期研究，并考虑相关操作性、制度性安排；在法兰克福成立中欧国际交易所；入股巴基斯坦交易所；和阿斯塔纳国际金融中心合作建立交易所等。

不仅是走出去，还包括引进来。目前境外企业在上交所已发行熊猫债50余只，发行规模近900亿元。同时，上交所也积极参与国际组织活动，包括今年9月，成为我国首个加入联合国可持续交易所倡议的交易所等。

"在参与世界交易所联合会的过程中，我们积极参与一些国际规则的制订、交易所行业的国际治理，得到国际同行认可。"吴清说，中国的交易所在壮大，已经从昔日"小兄弟"的边缘位置，走上较为中心的位置。

上交所已长成"大个子"

"到目前为止，我国交易所的发展主要依靠国内资源。"吴清说，经济的持续快速增长，改革的持续推进，广大投资者的支持，蓬勃发展的企业以及国企改革、其他企业改制等，形成丰富的资源，让上交所长成了“大个子”。

但与国际领先交易所相比，我国交易所还有不少差距，和国际市场的关联度也还不够高。

吴清说，我国市场开放度还相对较低，配置国际资源的能力还不强。上市的公司基本上是国内企业；绝大多数投资者也是国内的，国外投资者持有的市值规模不到总市值的 2%，沪港通每日成交量在市场总成交量中占比不到 1%。

差距就是潜力。吴清认为，目前沪市上市公司 1370 家左右，上市公司层次可以更丰富；债券市场品种可以更多；股票期权等较为成熟的衍生品可以进一步开发；对实体经济服务的力度还可以进一步加大，“目前与国际领先交易所的要求还有距离，但这些距离也是我国交易所的发展潜力所在”。

资本市场对外开放的有利条件越来越多

“总体上，资本市场对外开放的有利条件越来越多。”吴清说，作为发展中的转轨经济体，资本市场开放需要与国家整体实力相匹配，我国经济的持续健康发展，为资本市场的进一步对外开放提供坚实基础。

同时人民币汇率和跨境资金流动保持稳定，外汇储备规模合理；“一带一路”倡议得到越来越多国家响应；央行、外汇局、证监会等监管部门在跨境监管合作、投资者保护、风险管理等方面积累了丰富经验；交易所自身的技术储备良好等，都为资本市场对外开放提供了有利条件。

吴清说，下一步，上交所将通过建立更好的国际交流合作机制，更有效地服务“一带一路”建设等；要进一步开发国际化交易产品，为投资者做好服务；还要携手证券机构等境内专业服务机构一起走出去，共同服务国家战略，共同成长壮大。

开放有挑战，但步伐坚定

吴清说，在一些特殊的情况下境内外市场联动会带来金融风险的跨境传染；更多在经验、资本、技术等方面有优势的成熟投资者进入，在改变市场投资文化的同时，也可能带来一些新的挑战。

但资本市场开放要坚持方向明确、步子坚定、有序平稳。吴清说，上交所要成为全球最重要、规模最大、流动性最好的投资和资产配置管理中心之一；成为全球最主要的融资中心；成为服务“一带一路”建设的资本市场重要支撑；成为促进绿色发展、承担社会责任的可持续发展交易所典范；成为全球最有影响力的交易所之一。

“上交所要在民族复兴过程中，发挥应有的功能，在我国实现社会主义现代化强国目标时，建成与之相匹配的世界领先交易所。”吴清说。

（原载新华网 2017 年 11 月 5 日，
网址：http://www.xinhuanet.com/finance/2017-11/05/c_1121908313.htm）

上海：国际金融中心建设进入冲刺期

新华社　桑　彤　杨溢仁　陈云富

“为进一步推进上海国际金融中心建设，近期人民币跨境支付系统 CIPS 二期将落户上海。”中国人民银行行长周小川 6 月 20 日在“2017 陆家嘴论坛”上表示。记者从论坛上获悉，随着金融要素市场相继集聚、全球人民币中心地位不断巩固，上海国际金融中心建设已进入冲刺期。

全球金融要素市场最齐备的城市之一

2016 年上海金融市场交易总额达到 1364.2 万亿元。国务院批复上海国际金融中心建设方案时，这一数值为 251 万亿元。如今，交易总额增长了 4 倍多，见证了上海国际金融中心的进步。

根据陆家嘴论坛传出的信息，目前上海集聚了股票、债券、期货、货币、票据、外汇、黄金、保险等各类交易市场，成为全球金融要素市场最齐备的城市之一。此外，上海拥有各类金融机构 1515 家，金砖国家新开发银行、全球中央对手方协会等一批重要的国际金融组织落户上海。

完整的金融市场体系巩固了上海国际金融中心的地位。2017 年 4 月 9 日，继“上海金”引入海外投资者参与后，“上海价格”也走出了国门，迪拜黄金与商品交易所推出挂钩“上海金”的期货产品。

上海的金融市场不断与国际接轨，先后允许境外央行、符合一定条件的人民币购售业务境外参加行参与中国银行间外汇市场，目前境外的相关参与者已超过 40 家。“今后几年是上海国际金融中心建设的冲刺阶段。”上海市市长应勇表示，上海的目标是到 2020 年基本建成与我国经济实力以及人民币国际地位相适应的国际金融中心，迈入全球金融中心前列。

与自贸区和科创中心联动　形成聚变效应

自贸试验区建设和具有全球影响力的科创中心建设，是中央对上海的新要求、新定位。上海正着力推动金融市场与自贸区建设、科创中心建设的融合联动，发挥 1+1+1 > 3 的聚变效应。

三年多来，上海利用自贸区这块试验田，稳步推动自由贸易账户体系、跨境投融资汇兑便利和利率市场化等金融改革事项，确立了适应更加开放环境和有效防范风险的金融创新制度。“接下来，我们将继续推动自贸试验区与国际金融中心建设的深度联动，在风险可控的前提下，主动服务人民币国际化进程。”应勇表示。

与此同时，上海加快建设具有全球影响力的科技创新中心，通过科技与金融的紧密结合，进一步释放协同创新的活力。据介绍，随着投贷联动、科技保险、科技创新板等一系列政策落地生根，助推了创新创业种子的开花结果。统计显示，截至2016年底，上海的金融机构共为4000多家科技型中小企业提供贷款约1500亿元。

配置国内外金融资源 服务“一带一路”建设

上海的资本市场在服务“一带一路”建设方面也取得突破性进展。去年，国内三家交易所竞购了巴基斯坦交易所部分股权。近期，上交所与哈萨克斯坦方面共建阿斯塔纳国际交易所。在这之前，上交所、德交所和中金所等共同出资成立中欧国际交易所，现已平稳运行一年。

展望未来，上海将进一步推动上海国际金融中心与“一带一路”沿线国家和地区金融合作，互联互通，打造面向“一带一路”、辐射全球的金融网络体系和支撑体系。

上海市金融办主任郑杨表示，上海要瞄准资金融通，建设人民币全球服务中心。扩大人民币跨境使用范围，提升人民币在“一带一路”贸易融资、清算结算、项目投资、跨境贷款等方面的使用比例。加强与境外人民币离岸市场的合作，稳妥推进境外机构和企业发行人民币债券与资产证券化产品，吸引“一带一路”沿线国家投资者投资境内人民币资产。

（原载《新华每日电讯》2017年6月22日）

上海自贸试验区基本形成金融创新制度框架

新华社　姚玉洁　周　蕊

记者10日获悉，上海自贸试验区成立三年多以来，已经基本形成了以资本项目可兑换和金融服务业开放为主要内容的金融创新制度框架、更加开放的金融市场体系和金融机构体系，以及支持金融创新、有效防范风险的金融监管协调机制，还探索形成了一大批可复制、可推广的金融创新成果。

上海市政府副秘书长金兴明10日在上海自贸试验区第七批金融创新案例发布会上表示，近期上海全面总结了自贸试验区设立三年来开放创新的成果，总体达到预期目标。其中，金融开放创新试点是上海自贸试验区建设的重要组成部分。在坚持宏观审慎、风险可控的前提下，以金融制度创新为核心，以服务实体经济和投资贸易便利化为目标，大力推进自贸试验区金融开放创新，取得了明显成效。

"未来四年是上海国际金融中心建设的决胜阶段，要深入贯彻落实'金改40条'，做好'三个对标'。"金兴明说，一要对标建设开放度最高的自由贸易试验区和国际高标准经贸规则，进一步深化自贸试验区金融开放创新试点，不断提升金融服务投资贸易便利化水平；二要对标2020年基本建成国际金融中心的目标，加强与国际金融中心建设联动，加快形成更加开放高效的金融市场体系，不断提升金融市场配置境内外资源的能力；三要对标国家战略和金融改革开放总体部署，支持"长江经济带"建设，服务人民币国际化战略，加强与上海科创中心建设、国际航运中心建设联动，不断提升金融服务实体经济功能。

上海同期还公布了15个自贸试验区金融创新案例，聚焦"金改40条"发布以来金融要素市场和金融机构创新试点成果，包括金砖国家新开发银行发行在华首个绿色金融债券，上海证券交易所发行首批300亿元地方政府债券，首笔自贸试验区柜台债成功发行、首批合资券商在自贸试验区成立等。

（原标题为《上海自贸区基本形成金融创新制度框架》，
原载《新华每日电讯》2017年1月11日）

上海发布自贸试验区金融服务业对外开放负面清单指引

新华社　何欣荣

上海自贸试验区管委会和上海市金融办28日联合宣布，在国家有关部委的支持下，发布上海自贸试验区金融服务业对外开放负面清单指引（2017年版），共梳理出48项特别管理措施。为金融服务业专设负面清单指引，在国内尚属首次，将进一步推动上海自贸区的金融开放创新。

金融开放创新，一直是上海自贸区的优势和特色。2015年央行等六部委公布的上海自贸区“金改40条”明确提出，要探索“金融服务业对外资实行准入前国民待遇加负面清单的管理模式”。今年6月国务院办公厅发布的《自由贸易试验区外商投资准入特别管理措施（负面清单）》（2017年版），涉及银行、保险和资本市场等多个领域，为上海发布金融服务业对外开放负面清单指引提供了准绳和基础。

据介绍，上海自贸区的金融服务业负面清单指引，从外资投资设立金融机构管理（市场准入限制）和外资准入后业务管理措施（国民待遇限制）两方面，涵盖股东机构类型要求、股东资产规模要求、股东经营业绩要求、股权结构限制等10个类别，共设置48项特别管理措施。

上海市金融办主任郑杨说，自贸试验区金融服务业负面清单指引的发布，为外资了解和进入我国金融领域提供了便利，也为我国金融业进一步扩大开放进行了积极有益的探索。

（原标题为《上海发布自贸区金融服务业对外开放负面清单指引》，
原载新华网2017年6月29日，
网址：http://www.sh.xinhuanet.com/2017-06/29/c_136402353.htm）

上海自由贸易港贸易限制将大松绑

新华社　何欣荣　孙韶华　有之炘

《经济参考报》记者日前采访多位参与上海自贸试验区的一线建设者和专家学者获悉，上海市已将建设自由贸易港的方案报送至国家有关部委征求意见。与自贸试验区相比，自由贸易港有望在一线（国境线）放开方面取得新突破，将取消或最大程度简化入区货物的贸易管制措施，有望实现不报关、不完税、转口贸易也不受限制。此外，国际融资租赁等离岸产业也将成为上海自由贸易港的一大亮点。

“赋予自由贸易试验区更大改革自主权，探索建设自由贸易港”，党的十九大报告的这一提法，引起各方热议。据了解，目前上海、浙江、福建、广东等多地都在启动或酝酿探索自由贸易港。从进度来看，上海无疑走在了前面。近期，商务部表示，正会同上海市和相关部门研究制定设立自由贸易港的有关建设方案。

“目前，上海市已将建设自由贸易港的方案报送至国家有关部委征求意见。下一步浦东将会同有关部门做好区域围网、监管平台建设等工作，为正式启动做好准备。”近日，浦东新区区长、上海自贸区管委会常务副主任杭迎伟在向浦东新区政协通报情况时表示。

据悉，作为国内首个自贸试验区，建设自由贸易港被视为上海自贸试验区3.0版的重要突破口。根据2017年3月公布的《全面深化中国（上海）自由贸易试验区改革开放方案》，上海将在洋山保税港区和上海浦东机场综合保税区等海关特殊监管区域内，设立“自由贸易港区”。

何为自由贸易港？国务院副总理汪洋10日在《人民日报》撰文称，自由贸易港是设在一国（地区）境内关外、货物资金人员进出自由、绝大多数商品免征关税的特定区域，是目前全球开放水平最高的特殊经济功能区。他在文中表示，我国海岸线长，离岛资源丰富。探索建设中国特色的自由贸易港，打造开放层次更高、营商环境更优、辐射作用更强的开放新高地，对于促进开放型经济创新发展具有重要意义。

商务部研究院国际市场研究所副所长白明等专家表示，自由贸易港一般拥有“一线（国境线）放开、二线（与非自由贸易港的连接线）管住、区内自由”的特征。

当前，世界著名的自由贸易港包括中国香港、新加坡、鹿特丹、迪拜等。以新加坡为例，其通过电子系统处理贸易报关，99%可以在10分钟内处理完毕，每年节省的贸易成本高达上十亿美元。

“简而言之，自由贸易港就是自贸区中的自贸区。”参与自贸试验区建设的浦东新区政协委员、洋山海关关长顾红梅表示，与自贸试验区相比，自由贸易港比较大的变化发生在一线管理的放开程度上。依托信息化监管手段，自由贸易港将取消或最大程度简化入区货物的贸易管制措施，最大程度简化一线申报手续，大幅提升贸易便利化水平。

“原来的自贸区虽然豁免了关税，但货物在区内的流动仍是受约束的，这就给发展转口贸易等业务造成了障碍。相比之下，自由贸易港不报关、不完税、转口贸易也不受限制。”杭迎伟说。

专家表示，除了贸易，自由贸易港还可以实施符合国际惯例的金融、外汇、投资和出入境等管理制度，从而营造出一种“境内离岸”的环境。“很多带有离岸特征的产业，如国际融资租赁、国际船舶登记和国际中转等，都将迎来发展机遇。”顾红梅说。

上海市金融办主任郑杨表示，对于自由贸易港来说，金融可以发挥重要作用，比如，在自由贸易港完善资金流动的便利措施；优化本外币一体的跨境资金服务；跨境人民币产品的创新力度还可以加强；允许金融机构创新境外融资方式来支持自由贸易港。业内指出，自由贸易港的这些特征，将给市场主体的创新活动带来很大的施展空间，也引发资本市场的高度关注。

值得关注的是，与自贸试验区一样，上海正在建设的自由贸易港，并不是自家的自留地，而是服务于整个国家对外开放的战略。与长江经济带发展等结合起来，也将成为上海自由贸易港新的使命。

“上海要建设的自由贸易港区，不是保税区或者海关特殊监管区域的简单升级版，而是对标国际最高水平，率先探索更高标准、更高水平的经济管理体制机制。”在今年下半年举行的上海市人大常委会会议上，上海市政府表示。

国务院发展研究中心副主任隆国强对《经济参考报》记者表示，下一步，要以更大的改革决心和力度，继续发挥自由贸易试验区的作用，并在此基础上打造新的开放高地，探索自由贸易港。在他看来，自由贸易港不一定单指海港，内陆港、空港也都可以，应该是开放程度更高的地区，在国家授权后展开更高水平的开放试验。华中科技大学自贸区研究中心执行主任陈波认为，自由贸易港的建设需要循序渐进，在沿海先试先行后，再进行复制推广。

商务部新闻发言人高峰日前介绍，目前，按照党中央、国务院的统一部署，商务部正会同相关省市和部门，在高标准高水平建设自贸试验区的基础上，围绕建立自由贸易港区积极开展工作。

（原标题为《上海自贸港贸易限制将大松绑》，
原载《经济参考报》2017年11月13日）

专家：自贸试验区、“一带一路”建设正力促中国金融对外开放

新华社　杨　臻　杨溢仁

正在上海举行的“2017陆家嘴论坛”上，来自外汇、债券、保险等行业专家就“自贸试验区、‘一带一路’建设与中国金融对外开放”这一议题展开了热烈讨论。

国家外汇管理局副局长方上浦表示，自贸试验区、“一带一路”建设、金融开放三者是相互关联、彼此促进的，都是改革开放的重要内容。“一带一路”建设可以借助自贸区的路径和平台来推进，同时“一带一路”建设发展也可以促进和推进自贸试验区在更大程度上开放和改革。

谈到外汇市场的开放问题，方上浦表示，从上海自贸试验区起步开始，外汇管理局就在积极支持上海自贸试验区的发展，在外汇政策方面给予了上海自贸试验区先行先试。

据了解，这几年来，国家外汇管理局在上海自贸试验区推出了12项外汇方面的支持政策，其中有7项已经推广到全国，有5项已经复制推广到其他地方自贸试验区。

中央国债登记结算有限责任公司监事长白伟群说，自贸区的开放创新，将助推上海成为全能型的国际金融中心。白伟群说：“我们既要有股权、债权活跃的市场，也要有雄厚的基础市场、灵活的衍生品市场。要面对境内主体和境外投资发行的主体，为实体经济提供资金、资本、资产、资讯全方位的服务。这样才算一个成功的开放创新。”

上海黄金交易所理事长焦瑾璞表示，黄金市场的发展与自贸试验区、金融改革开放的发展是密不可分的。上海黄金交易所在自贸试验区设立了国际黄金交易中心，截至目前，交易量已达3万亿元；在自贸试验区专门设立了上千吨的黄金交割库，既是中国的实物交割中心，也是亚太的中心。

中国的黄金市场正在更好地融入全球。“上海自贸区的设立和发展，为上海国际金融中心建设提供了基础条件，也为下一步上海金融中心成为国际金融中心提供了条件。”焦瑾璞说。

中国太平洋保险集团副总经理王廷科指出，上海自贸试验区在发展中已取得了很大进步，但仍有待改进的空间：一是相对于贸易投资便利化，对于政府职能转变，金融改革和创新相对比较滞后，特别是建设人民币全球服务体系和资本项目下可兑换等方面；

二是相对于行政的推动，集成化的制度创新仍有待加强；三是相对于政策密集的推出，其落地、细化和实施明显不够。

如何让政策更好落地？王廷科认为，要处理好顶层设计和市场需求、市场运行之间的关系。“既要上接天，也要下接地，要符合市场需求。”王廷科表示，应进一步推进的重点是人民币汇率的改革，如人民币资本项目下的可兑换性、跨境投融资平台建设等。

（原标题为《专家：自贸区、“一带一路”建设正力促中国金融对外开放》，
原载新华网 2017 年 6 月 22 日，
网址：http：//www.xinhuanet.com/world/2017-06/22/c_1121191971.htm）

金融业进一步对外开放　外资机构期待更多机会

新华社　桑　彤

近日，银行、证券基金和期货等机构外资持股比例限制放开的消息，引起外资金融机构高度关注，一些外资私募已开始加速布局中国市场。这不仅增添中国金融市场的活力、动力，也将有助于提升中国金融机构的竞争力。

金融对外开放有助提升中国金融机构竞争力

11 月 10 日，中国财政部副部长朱光耀表示，中方决定将单个或多个外国投资者直接或间接投资证券、基金管理、期货公司的投资比例限制放宽至 51%，三年后不受限制；将取消对中资银行和金融资产管理公司的外资单一持股不超过 20%、合计持股不超过 25% 的持股比例限制，实施内外一致的银行业股权投资比例规则；三年后将单个或多个外国投资者投资设立经营人身保险业务的保险公司的投资比例放宽至 51%，五年后投资比例不受限制。

对此，国际评级机构穆迪认为，这将提高外资在中国市场的参与度，有助于国内金融企业提升风险管理和企业治理，对银行和非银行金融机构具有正面的信用影响，并推动改善金融业整体状况。

汇丰亚太区行政总裁王冬胜认为，更多的外资参与将有助于推动中国金融市场国际化，并进一步促进人民币国际化进程。

花旗银行（中国）有限公司行长兼花旗中国首席执行官林钰华称："中国金融市场进一步开放的时间表和路线图的公布，将有助于在华外资金融机构在未来一段时间内做好多方面的安排及战略准备，包括未来可能与潜在中资机构达成合作、获得牌照许可及国民待遇等。"

外资私募加速布局中国市场

金融业对外开放对小型金融机构的影响将更为明显，未来外资控股的证券、期货、基金公司有望诞生，外商独资资产管理公司也将越来越多。

在穆迪副总裁诸蜀宁看来，由于中国做大做强做优包括国有银行在内的战略性国有资本，大型国有银行由外资控股的可能性较小，控股大型国有银行也对外资投资者的财务能力形成挑战，但对于拟进军中国市场的国际资产管理公司非常有利。

事实上，自 2017 年 1 月富达利泰投资获批成为首家外商独资私募基金管理人之后，已陆续有瑞银、富敦、英仕曼等外资私募机构完成登记。11 月 9 日，基金业协会又批准了 3 家外商独资私募证券投资基金管理人资格，分别是惠理投资管理（上海）有限公司、景顺纵横投资管理（上海）有限公司和路博迈投资管理（上海）有限公司。

基金业协会表示，欢迎更多符合条件的外商独资和合资机构申请登记成为私募证券基金管理机构，共同推动私募基金行业不断提高专业化和规范化标准，提升市场竞争力和国际影响力，充分发挥在多层次资本市场中的功能与作用。

2016 年已在上海自贸试验区成立外商独资公司，还未申请私募牌照的摩根资产管理（上海）有限公司对此政策表示非常欢迎。

“公司非常重视并看好中国市场，我们清晰地看到了中国政府对外开放的趋势，并且有信心这一趋势会继续推动中国金融市场的国际化。”摩根资产管理副总经理周玲玲对记者说：“作为摩根资产管理在中国的第一家独资公司，我们希望制订一个全局规划，将上海作为我们的总部，未来在监管允许的前提下扩展本土业务，将相关的离岸业务转为在岸业务以便更好服务我们的客户。”

中国将成为更为开放、更具创新力的经济体

在金融体系开放过程中，中国全方位与国际金融市场对接，并取得一系列重要进展：例如汇率浮动机制，人民币纳入 SDR 篮子，A 股纳入 MSCI 指数，沪（深）港通、债券通等市场交易，以及备受外资瞩目的“一带一路”建设项目。

在周玲玲看来，这些联通促进了中外交易体系的碰撞和融合，为双方相互了解提供了良好平台。中国对外开放的成果有目共睹，中国政府希望通过金融市场的开放和世界更紧密结合。

汇丰银行（中国）有限公司常务副行长兼副行政总裁甘炳亮表示，人民币国际化进程启动以来，中国在全球的影响力不断提升。从贸易结算到正式“入篮”，人民币正稳步走向一种可兑换、可自由使用的国际性货币，亦为中国资本市场的进一步开放注入新的催化剂。

中国正通过“一带一路”倡议带动更多中资企业参与海外投资和国际合作，并通过“互联互通”，加强跨区域合作，促进共同繁荣。

“相信在持续开放政策指引下，中国的金融体系建设将持续融入全球金融体系，并继续产生积极和深远的影响。”甘炳亮说。

林钰华认为，未来在资本账户的进一步开放，提升税收优势以吸引全球资金，强化网络安全的同时考虑数据隐私和接轨国际技术标准等方面，中国有进一步提升的空间。

（原载新华网 2017 年 11 月 17 日，
网址：http：//www.sh.xinhuanet.com/2017-11/17/c_136760001.htm）

上海浦东新区酝酿制定“1对1人才高峰政策”

新华社　何欣荣　王琳琳

记者采访了解到，为在“人才高原”基础上打造“人才高峰”，引进更多具有国际视野、创新能力强的青年科技人才和创新团队，浦东新区正探索建立市场化人才评价机制，研究制定“1对1人才高峰政策”。

2017年以来，浦东新区从出入境、永久居留、就业创业等海外人才反映集中的问题入手，出台海外人才九条措施，颁发自贸试验区管委会推荐的永久居留身份证、本科学历外国留学生工作许可证，设立以“海外人才局”命名的政府机构，初步形成“人才高原”。

下一步，如何让更多高水平人才进得来、发展好、留得住、扎下根，浦东新区给出了对接人才高峰政策的“路线图”：

首先，用好自贸试验区的制度创新吸引海外高端人才。尤其要根据自身产业定位和未来发展方向，引进更多战略科技人才和科技领军人才。

其次，提供更加贴心的人才服务，加快建设张江人才公寓和国际社区，引进更多国际高端教育、医疗和文化资源，为人才高峰的创业、就业、生活提供全方位服务，解决住房、就医、就近入学等困难。

另外，完善创新环境。良好的生态是科技创新的土壤，要在完善创新环境上用劲使力。突破制约科技创新的制度瓶颈，强化陆家嘴金融城和张江科学城“双城联动”，营造鼓励和保护创新的文化氛围。

（原标题为《上海浦东酝酿制定“1对1人才高峰政策”》，
原载新华网2017年11月3日，
网址：http://www.sh.xinhuanet.com/2017-11/03/c_136725297.htm）

上海国际保险中心建设取得突破性进展

新华社记者　潘　清

作为全国唯一具有全业态保险市场体系与保险要素市场的中心城市，上海在“十三五”开局之年实现保险行业发展“历史最佳”，国际保险中心建设也取得突破性进展。

上海保监局局长裴光在近日举行的“2017上海国际保险论坛”上表示，在“十二五”市场体系逐步健全、功能有效拓展提升的基础上，2016年上海保险业发展实现“历史最佳”。

数据显示，2016年上海共实现保费收入1529.26亿元，列全国第七位；同比增长35.91%，增速列全国第三位，高于全国平均增速8.41个百分点。作为行业主要增长“引擎”，同年寿险业保费收入占59.72%，同比增长逾五成，人均新单标准保费规模全国排名居首。财产险公司保费收入持续增长，承保利润同比增长65.28%。

2014年保险业“新国十条”颁布后，上海明确提出建设国际保险中心。今年5月发布的《上海保险业发展“十三五”规划纲要》显示，到2020年建成上海国际保险中心，保险深度（保费收入/国内生产总值）和保险密度（保费收入/总人口）分别达6%和7300元/人。重点推进国际保险中心制度创新和保险机构、要素市场体系建设，重点深化航运保险、再保险和保险资金运用三大支撑。

一系列标志性事件记录着上海国际保险中心建设的进程。作为全国首个也是唯一的创新型保险要素交易市场，上海保险交易所开业运营；保险资金集中运用平台——中国保险投资基金“落沪”；全国首家专业性航运保险协会上海航运保险成立；全球首个航运保险专业指数“上海航运保险指数”发布；全国首家航运自保公司中远海运财产保险自保公司获准筹建。

“截至目前，上海已拥有55家保险法人机构，数量仅次于北京；外资保险法人公司数量位居全国之首。关键性市场要素平台和专业保险社团组织建设获得突破，辐射带动能力强的功能性保险机构取得长足发展，为进一步推动国际保险中心建设奠定了坚实的体系基础。”裴光说。

在制度和体系建设取得突破性进展的同时，上海国际保险中心建设的“环境优势”逐步显现。

裴光透露，保险机构和高管备案改革已由上海自贸试验区复制扩大至全市，在许可材料要求大幅减少的同时，完成时限由 20 个工作日缩短为 3 个工作日；“证照分离”改革试点顺利开展，为机构设立和准入提供便利。为促进再保险主体发展，上海还将外资再保险公司及高管人员比照法人公司纳入上海市金融创新支持政策。

在建设国际保险中心的过程中，上海保险业支持对外开放的能力也持续提升。在服务“一带一路”建设方面，2016 年上海出口信用保险共承保 256 亿美元，累计承保“一带一路”建设相关 7 个国家出口和投资 75.8 亿美元。

（原载新华网 2017 年 6 月 23 日，
网址：http://www.sh.xinhuanet.com/2017-06/23/c_136389475.htm）

国务院国资委将与上海达成战略合作 央企将深入参与上海科创中心建设

新华社　宋薇萍

“中央企业深入参与上海科技创新中心建设”推介对接会6月21日下午在北京举行。会议透露，国务院国资委将与上海市政府签订加快推进上海建设具有全球影响力科技创新中心的战略合作协议，进一步深化双方的合作。

国务院国资委副主任徐福顺，上海市委常委、常务副市长周波出席推介对接会并讲话。徐福顺表示，深入参与上海科技创新中心建设，既是中央企业创新转型的重要途径，也是中央企业提高国际影响力的有效方式。因此，要牢牢把握共同推动上海具有全球影响力的科技创新中心建设这一目标定位，加强深度合作，加强部市协同、政企协同、央地协同，形成合力，共同推动上海科创中心建设。

周波在会上指出，在沪中央企业在促进全市经济增长、推动转型升级、保障能源供应、加快智慧城市建设等方面作出了重要贡献。希望在国务院国资委的大力支持下，中央企业一如既往支持参与上海科创中心建设，欢迎中央企业来沪与地方国企、各区政府开展广泛合作，上海市政府将着力做好协调服务工作。

会上，上海市相关委办介绍了上海科技创新中心建设整体情况和上海科技创新中心产业导向。张江科技创新核心区、临港智能制造示范区、紫竹成果转化示范区、漕河泾科技服务示范区、嘉定新兴产业发展示范区、杨浦万众创新示范区6个创新集聚区以及上海16个区进行了展示推介。

100余家中央企业和中央金融企业相关负责人参加推介对接会。中国远洋海运集团有限公司、国家电力投资集团公司负责人在会上发言，表示将在航运、港口、核电、重型燃机、清洁能源等方面，进一步加强与上海市的多方合作。40余家中央企业负责人还参与了上海临港地区智能制造中心建设专题座谈活动，与部分上海企业洽谈合作。

加快建设具有全球影响力的科技创新中心，是党中央、国务院交给上海的重大战略任务，也是上海服务国家发展的重大历史使命。上海提出，到2020年形成具有全球影响力的科创中心基本框架体系；到2030年着力形成具有全球影响力的科创中心核心功能；最终要全面建成具有全球影响力的科技创新中心，成为与我国经济科技实力和综合国力相匹配的全球创新城市。为实现这个奋斗目标，上海把科创中心建设作为实施国家创新驱动发展战略的重要载体和核心举措，着力提高科技创新能力，着力创新科技体制机制。

上海是国资国企重镇，在沪中央企业生产总值约占全市 GDP 总量的 1/4，税收约占全市的 1/3。“十二五”期间，25 家中央企业承担了上海市战略性新兴产业 7 大领域、51 个高新技术产业化项目，形成一批重大成果，填补了国内空白。在沪中央企业拥有国家重点实验室 4 个、国家（工程）技术研究中心 3 个、上海市重点实验室 3 个，在沪工程院院士 7 人，获得上海市科技奖励 60 项，占获奖总数的 22.6%，为推动上海科技创新中心建设提供了有力支撑。

近年来，上海市政府与中国远洋海运集团有限公司、国家电力投资集团公司、国家开发投资公司、中国核工业集团公司等 20 多家央企，签订了战略合作协议。

（原载中国证券网 2017 年 6 月 21 日，
网址：http：//news.cnstock.com/news，bwkx-201706-4092917.htm）

全国统一信托登记启动　信托“标准化”加速

新华社　姚玉洁　陈　杰

《信托登记管理办法》9月1日经中国银监会颁布正式生效，中国信托登记有限责任公司（中国信登）信托登记系统同日上线运行，标志着资产规模超过23万亿元的信托市场有了统一登记制度，市场透明度、流动性将大大提升。

中国信登于2016年底在上海自贸试验区成立，其职能定位为三大平台，即信托产品及其信托受益权登记与信息统计平台、信托产品发行与交易平台及信托业监管信息服务平台。此次上线运行的信托登记系统能够实现信托产品及其受益权信息的预登记、初始登记、变更登记、终止登记、更正登记等功能，信托行业迎来统一登记，信托产品“标准化”迈出重要一步。

业内人士认为，信托登记制度可以从产品设立环节上解决信息不对称和不当销售问题，更好维护投资者的知情权和选择权，切实保护投资者合法权益。

中国信登董事长文海兴说：“作为我国信托业重要的核心基础设施，信托登记系统上线有利于深化金融市场改革，改善信托业监管监测，防范信托业风险；有利于规范信托产品的信息披露，提高透明度，加大投资者保护力度；有利于发挥信托制度的独特优势，促进信托财产独立性的实现。”

信托登记系统也有助形成权威的信托业数据中心，为行业监管和风险监测奠定良好基础，遏制当前信托业通道业务膨胀、行业虚胖等不良现状。

中国银监会信托部主任邓智毅说：“随着信托登记系统上线，将形成全国统一的信托产品发行、流转、终止的全流程信息平台，老百姓可以更放心地投资信托产品。通过大数据挖掘和清洗，过去较难发现的‘抽屉协议’等违规行为将无所遁形，以往存在的交叉的、嵌套的、长链条的、高杠杆的信托乱象和行业水分也将被挤出。”

据了解，中国信登已在同步推进信托发行、交易、转让等信息系统规划方案设计，争取尽快搭建起集信托登记、发行、交易、转让等功能于一体的综合性系统平台。

（原载新华网2017年9月1日，
网址：http://www.xinhuanet.com/2017-09/01/c_1121588484.htm）

清算行业“外滩标准”发布　我国深度参与国际金融治理

新华社　姚玉洁　孙　青

全球中央对手方协会（CCP12）2 日在上海发布《CCP12 量化披露实务标准》，这一被业内人士称为“外滩标准”的首个中央对手清算行业国际标准，将增强全球中央对手方信息披露的规范性和透明度，对监管机构分析中央对手方风险防范水平、评判金融市场运行整体情况具有重要作用，也标志着我国对国际金融监管规则参与度引领度提升。

中央对手方是具有系统重要性的金融市场基础设施。因在防范系统性风险方面的重要作用，2009 年 G20 匹兹堡峰会达成共识，所有场外衍生品都要实行中央对手清算。全球中央对手方协会成立于 2001 年，因最初有 12 家成员而简称为 CCP12，它是国际清算银行、国际证监会组织等国际监管组织的关键合作方，其法人实体于 2016 年 6 月正式落户上海。

作为全球性中央对手清算机构同业组织，CCP12 致力于向国际监管组织和各国中央银行提出监管政策建议、加强行业沟通、拟定行业标准、促进跨境监管协调。

为解决中央对手方量化披露实务操作中存在的问题，CCP12 组织伦敦清算所、美国期权清算公司、上海清算所等主要会员机构制定标准，在原有准则的基础上对中央对手方公开信息披露的规范性和及时性做了进一步的要求。标准兼顾了全球各监管辖区的会员机构在监管要求、市场结构、业务类型、风控制度等量化披露方面的实际差异，为全球中央对手清算行业提供了能够普遍遵循的实务细则，将有效提升中央对手清算行业信息披露的规范性和透明度。

值得注意的是，CCP12 在标准的酝酿和完善期间曾与中国人民银行多次沟通，积极听取我国监管机构的监管理念和意见建议。这一标准成为我国参与国际金融体系改革和国际金融标准制定的积极尝试和重要成果。

（原载新华网 2017 年 11 月 2 日，
网址：http：//news.xinhuanet.com/fortune/2017-11/02/c_1121896962.htm）

中国金融技术标准惠及“一带一路”市场

新华社　姚玉洁

银联国际日前宣布，将与国际卡品牌维萨、万事达在泰国合作推出通用二维码标准，最快到今年夏天，泰国商家可通过通用的二维码，同时受理三个国际卡品牌的移动支付产品。

以银联为代表的中国金融技术标准和金融基础设施正逐步走向“一带一路”沿线国家和市场。此前，银联芯片卡标准已成为泰国、缅甸银行业的推荐标准，以银联技术标准建设的泰国本地转接系统 TPN 正式上线，主流银行开始大规模发行基于银联标准的银联卡和 TPN 卡。银联还是亚洲支付联盟的统一跨境芯片卡标准，新加坡、韩国、马来西亚、印度尼西亚、菲律宾等国的 7 家主流转接网络已获得授权，把银联芯片卡标准作为受理、发卡业务的技术标准。

“银联卡给我带来了更多生意。”潘通是泰国清迈夜市一家旅游纪念品小商店的老板，他在 2016 年 12 月开通了银联 mPOS 服务。“来这里逛夜市的中国人很多，他们都会问能不能刷银联卡，以前我们只能收现金，很多人觉得不方便就直接走了。银联 mPOS 只要在手机上下载一个应用程序，连接移动刷卡机，就能随时随地刷银联卡收款，不用花大价钱购买 POS 终端，而且很安全。”

中国便捷的支付服务已惠及 50 多个“一带一路”相关国家。银联国际首席执行官蔡剑波说：“银联通过受理和发卡业务双向支持中国与‘一带一路’沿线国家的人员往来，积极参与沿线市场的金融基础设施建设，促成部分市场的支付产业使用银联为代表的中国金融技术标准。”

在哈萨克斯坦，ATM 和 POS 终端的银联卡受理覆盖率已达到 80%，预计年内将进一步提升到 95%，基本实现银联卡在哈萨克斯坦使用“无障碍”；在阿联酋，银联已基本实现 ATM 和 POS 终端的受理全覆盖；俄罗斯约 34 万台 POS 终端和 4 万台 ATM 受理银联卡，年内受理覆盖率将大幅提升到 80%。

经常往来中国、哈萨克斯坦两国的宋先生正是这种变化的受益者。宋先生在哈萨克斯坦从事机械行业，两三年前在哈萨克斯坦仍要大量使用现金。由于当地货币坚戈无法在境内换到，宋先生出国前必须先把人民币兑换成美元，再到哈萨克斯坦兑换坚戈，不仅麻烦，汇率损失也不小。“现在银联卡能在大部分街边 ATM 取款，大点的商场、酒店、餐厅消费都能直接刷银联卡消费。”

随着受理范围不断扩大，银联卡加速了业务本地化进程，成为“一带一路”建设相关国家当地居民日常生活的一部分。哈萨克斯坦排名前 10 的银行中有 7 家已经发行了银联卡，老挝发行的银联卡数量占当地银行卡总量的 70% 以上，“银联”成为老挝第一大银行卡品牌；巴基斯坦累计发行了 340 万张银联卡，这些卡片 90% 交易发生在巴基斯坦本地；在菲律宾，银联卡已经成为马尼拉市市民卡，当地政府通过银联卡向市民统一发放各类补贴。

银联卡已经成为促进中国和世界交流合作的重要桥梁。数据显示，2016 年，巴基斯坦、尼泊尔等国发行的银联卡在中国境内的交易量增长近 2 倍，俄罗斯、吉尔吉斯斯坦、印度尼西亚、毛里求斯等国银联卡在我国境内的增速也在 50% 左右。

“经过 10 多年发展，银联已经建立了一整套银行卡技术、标准、系统和规则，这些银行卡业务技术标准和转接网络运营经验正是一些海外市场希望借鉴的。”蔡剑波说，“下一步，我们将继续推广支付清算基础设施、技术标准等，实现中国与‘一带一路’建设相关市场金融基础设施的互联互通，助力境外市场支付产业升级。”

（原载新华网 2017 年 5 月 12 日，
网址：http://www.xinhuanet.com/world/2017-05/12/c_1120963248.htm）

上海推进更高水平“全方位开放”

新华社 姚玉洁 周 蕊

上海自贸试验区管委会相关负责人日前透露，结合即将公布的新版《外商投资产业指导目录》，今年上海自贸试验区将放开会计审计、建筑设计、评级服务等领域对外资的限制。

开放之都上海，正在更大范围、更广领域、更深层次进一步扩大开放，更好地参与国际合作和竞争，更好地服务长江经济带等国家战略。

上海市商务委员会主任尚玉英说，上海今年将启动制造业吸引外资新计划，重点鼓励外商投资高端制造、智能制造和绿色制造。尤其是对于集约用地的鼓励类外商投资工业项目，继续优先供应土地。同时，上海将最大限度地放宽新业态、新产业的市场准入，根据对等原则，允许外商投资企业参与承担政府科技计划项目，外商投资企业同等适用研发费用加计扣除以及相关的高新技术企业、研发中心等优惠政策。

不拒众流，方为江海。在全球经济下行压力下，上海引进外资始终保持增长态势，实到外资连续 17 年增长，1978 年至 2016 年共引进实到外资 2061 亿美元。外资在上海的布局也不断提升：2016 年，以总部项目为主的租赁和商务服务业实际利用外资增长 68.6%，跃升为利用外资第一大领域；高新技术产业利用外资达到 13 亿美元，大幅增长 61%；金融服务、信息服务、科技研发、医疗卫生等高附加值领域利用外资分别实现了 28%、96%、93%、333% 的高速增长。

上海全面提升配置全球资源的能力，构建全方位开放体系。截至 2016 年底，上海累计落户跨国公司地区总部、外资投资性公司和外资研发中心 1300 多家，居全国之首。其中，在沪外资研发中心累计达到 411 家，外资企业经费支出占全市一半以上，新产品产出占全市 2/3 左右，成为上海全球科创中心建设的重要力量。

“欧莱雅位于上海的全球研发与创新中心是集团在亚太地区规模最大、研发员工数量最多、涵盖研发技术最全面的研发机构。”全球最大化妆品集团欧莱雅中国首席执行官斯铂涵说，欧莱雅看好中国和上海的发展前景，已经在中国建立了一个包括中国区总部、全球研发与创新中心、两家生产工厂在内的“美妆帝国”。

据上海市商务委员会对 1.52 万家在沪抽样外资企业运营情况统计，2016 年在沪外资企业营业收入同比增长 5.5%，利润同比增长 12.3%。美国商会《2016 年度商业调查报告》显示，上海成为最有吸引力城市，70% 的受访外资企业计划将下一个投资放在上海。

主动服务长江经济带等国家战略，上海深化更高水平开放，成为长三角乃至全国引进来、走出去的“桥头堡”和“枢纽港”。

外商投资负面清单管理，对外投资备案管理，贸易便利化的监管改革，金融开放创新……3 年多来，上海自贸试验区这块“试验田”已成为青青苗圃。“以制度创新为引领，上海在推动长江经济带等发展方面的集聚辐射效应正在逐步显现。”上海市发展改革委副主任朱民说。

（原载新华网 2017 年 3 月 10 日，
网址：http：//www.xinhuanet.com/local/2017-03/10/c_1120603242.htm）

产融结合助力科创中心建设　上海成立 300 亿元科创投资基金

新华社　王淑娟

上海科创中心股权投资基金管理有限公司 23 日正式揭牌成立。这是上海进一步完善科技创新投融资体系、着力推动科技创新跨越式发展的重要举措，标志着上海打造全球科创中心、实施创新驱动发展战略进入新阶段。

上海科创基金是根据上海市委、市政府的部署，由上海国际集团、上海国盛集团、上海国际信托、上海港务集团、张江高科等国有基石投资者共同发起设立的市场化母基金平台。目标管理规模为 300 亿元人民币，首期募资规模为 65.2 亿元人民币。

据介绍，上海科创基金重点投向是信息技术、生物医药、先进制造和环保新能源等行业，聚焦处于初创期及成长期的子基金或科创企业。据了解，上海科创基金采取新设或增资等方式，将募集资金的 80% 投资于子基金，20% 资金直接投资于高科技重点企业，覆盖科技创新程度高、科创成果可转换、产业化前景较明朗的项目。

“上海科创基金的成立，对于提高金融服务实体经济的效能，实现科技与金融的深度融合，加快推进金融中心和科创中心的联动发展具有重要战略意义。”上海市金融办主任郑杨说。

作为政府引导、市场化运作的市级母基金，上海科创基金将着力构建以上海为核心、辐射周边区域的创新投资生态系统，助推创新、创业的种子开花结果。通过发挥市场化母基金的二次放大作用和国资引领带动效应，上海科创基金将有效引导社会资本“脱虚向实”，推动各类要素、资源向科创产业集中。

“基金成功签署的第一批项目，覆盖信息技术、高端装备与新材料、生物、新能源等产业。”上海国际集团总裁、上海科创中心股权投资基金管理公司董事长傅帆表示，上海科创基金未来将探索与国内外知名基金、大型投资集团、全球顶尖孵化机构等进行广泛合作。

（原载新华网 2017 年 9 月 23 日，
网址：http://www.xinhuanet.com/2017-09/23/c_1121713144.htm）

上海启动科创联盟　助力科创中心建设

新华社　郑钧天　杨依然

上海科创联盟21日正式在沪启动。上海科创联盟意在打造创新生态系统，实现创新生态圈各环节的共享共赢，助力上海建设成具有国际影响力的科创中心。

据介绍，该联盟及创新中心除提供创新创业的场所外，更将成为各行业互联互通的创新平台。普华永道大中华区主席兼首席执行官赵柏基认为，联盟包含创新、教育和战略研究三大核心功能，可借助科技带动行业持续发展，通过创新实现转型，提升企业价值。

在“大众创业、万众创新”的倡导下，近年来各类针对创业服务的商业模式不断涌现，我国创新创业行业正进入快速发展阶段。据上海市政协副主席李逸平介绍，目前上海拥有许多国内外的专业孵化器、创业投资机构、政府科创研究机构、双创产业投资基金、高等教育机构、国际领先大企业以及初创企业，其创新生态系统的基础建设已经搭建完成。

一方面，上海科创联盟正是要联合这一创新生态系统的各方力量，实现生态圈各环节的合作与共享，共同推动有重大影响力的技术、产品和商业模式的创新。另一方面，该联盟还将致力于加强国内外的大企业与突破创新型中小企业之间的互联互通，实现资金共享、技术共享，发挥更多创新创业的能量。

据悉，上海科创联盟将融合联盟成员的资源和专业能力，为初创企业提供政策支持、基础服务、筹资协助、专家导师辅导，还将通过量化筛选与评估，为初创企业优化商业模式、改善资本运作、开拓市场、对接合作伙伴、开发国际化路线、提升运营管理能力等。

赵柏基认为，“上海科创联盟将在很大程度上激发创业创新活力，形成共享、共赢的创新生态环境，助力上海建设成具有国际影响力的科创中心”。

（原载新华网2017年2月21日，
网址：http://news.xinhuanet.com/fortune/2017-02/21/c_1120506252.htm）

上海陆家嘴探索“业界共治”：金融城公共事务“居民”商量着办

新华社　何欣荣

“快递不让进楼宇，很多包裹只好在大厦外面堆放。能不能大家合起来找个空间建设物流驿站？”“金融机构对国企混改很有兴趣，理事会能不能牵头建个议事平台？”……台上，各方讨论气氛热烈。台下，坐着交通银行、上海人寿、安永华明等国资、民资和外资机构的代表。

这样的场景，出现在21日举行的陆家嘴金融城理事会一届一次常务理事会上。2016年8月，拥有近800家持牌金融机构的上海陆家嘴金融城，在全国率先实施“业界共治+法定机构”的公共治理架构，引发各方关注。

提供更加专业、高效的公共服务，是金融城改制的目的。为此，陆家嘴金融城组建了由业界代表共同组成的理事会，理事会秘书处设在金融城发展局。区内的大小公共事务，不再由政府说了算，而是金融城“居民”商量着办。

首次常务理事会讨论的一个街区公共空间提升项目，就是这样的典型。陆家嘴很多商务楼宇周边，都有自己的绿化空间，但原来大家“各扫门前雪”，造成整个街区公共空间割裂、景观品质不高。理事会成立后，不同业态的金融城“居民”能够聚在一起议事，沟通和协商成本大大降低。

“整个金融城就是大社区，需要大家共同维护。”负责金融城开发的上海陆家嘴集团总经理李晋昭说，他正在计划建设一处重要的公共连廊项目。有了理事会这样的区域共治平台，让李晋昭对陆家嘴建成“24小时立体城市”充满了信心。

上海自贸试验区首家法人保险机构上海人寿是金融城的“居民”。上海人寿董事长密春雷说，金融城超过40万“白领”人士，对公共服务的要求很高。“在改革之前，一座楼宇的白领去对面楼宇吃饭，可能要跨过两道栏杆，虽然是一个小问题，却折射出公共事务的重要性。”借鉴伦敦金融城等区域的经验，实施业界自治共治，无疑可以提升陆家嘴公共服务的品质。

业界共治是大方向，还要“撸起袖子加油干”。陆家嘴金融城首次常务理事会，讨论先期设立品牌推广、楼宇发展和绿色金融三个专委会，作为共治的平台和抓手。比如绿色金融专委会，就将在金融前沿领域探索创新，从法律、财务和政策等实务层面推动绿色金融的发展。

“作为上海国际金融中心核心区，陆家嘴金融城拥有与国际齐平的物理天际线，公共治理结构也要向世界一流冲刺。”作为陆家嘴金融城理事单位的交通银行董事长牛锡明说，理事会不但搭建了一个各方参与公共治理的平台，也为跨行业、跨领域的机构交流合作提供了契机。未来陆家嘴金融城将致力于产业集聚、金融创新和营商环境建设，提升金融城在全球金融市场的影响力和竞争力。

（原载新华网 2017 年 2 月 21 日，
网址：http://news.xinhuanet.com/local/2017-02/21/c_129488312.htm）

二、访谈篇

上海股交中心：已形成“一市三板”的市场格局

2016 年 12 月 9 日，上海股权托管交易中心总经理、党委书记张云峰做客访谈

企业介绍

上海股权托管交易中心（简称上海股交中心）于 2010 年 2 月经上海市政府同意后设立，2012 年 2 月 15 日开业，是按照《国务院关于推进上海加快发展现代服务业和先进制造业　建设国际金融中心和国际航运中心的意见》（国发〔2009〕19 号）精神，经上海市人民政府批准设立的上海市唯一合法的区域性股权市场运营机构（沪府发〔2017〕59 号）。上海股交中心遵循中国证监会对中国多层次资本市场

体系建设的统一要求，是上海市国际金融中心建设以及具有全球影响力的科技创新中心建设的重要组成部分，也是中国多层次资本市场体系建设的重要环节。

上海股交中心致力于服务初创期和成长期的中小微企业，缓解这类企业的融资难题，主要职能包括：为非上市的中小企业提供改制挂牌、非公开发行、股票登记托管、股票转让、价值挖掘、宣传营销等一站式金融服务；为投资者提供股票买卖、报价、清算交割等综合性服务；对挂牌、展示企业的规范运作、信息披露及股票转让各方行为进行自律性监管。

经过近6年的快速发展，上海股交中心目前已形成“一市三板”的市场格局，其中非上市股份有限公司股份转让系统（E板）为股份有限公司提供股票转让、非公开发行、重组并购等各类服务；科技创新企业股份转让系统（N板）专为科技型、创新型中小型股份有限公司量身定制，帮助企业与资本市场进行有效对接，全方位孵化培育科创企业；展示系统为各类中小微企业的展示、宣传提供服务。

上海股交中心始终秉持“缓解中小微企业融资难、促进实体经济发展”的核心理念，积极发挥“股份交易中心、资源集聚中心、上市孵化中心、金融创新中心”的功能，为挂牌公司和广大投资者提供优质的服务，努力实现“规模可观、服务一流、国内领先、国际知名”的奋斗目标。

科创板一周年融资率达到百分之百

新华社　桑　彤

到 2016 年 12 月 28 日，上海股权托管交易中心科技创新板将迎来开板一周年，挂牌家数已达 79 家。从市场功能发挥形态看，除了主板、创业板以外，科技创新板是目前少有的真正具有融资功能性机制的市场。12 月 9 日，上海股权托管交易中心总经理、党委书记张云峰在“论道陆家嘴 · 对话金融市场领导”全媒体访谈上，对当前上海股交中心和场外市场发展做出分析。

2015 年 12 月 28 日，上海股权托管交易中心科技创新板正式开盘

张云峰介绍，经过 5 年的发展，上海股交中心目前已初具规模，功能发挥良好，整体融资量高达 190 亿元左右，从公司平均融资量来看，上海股交中心目前在国内市场中应属最佳。新股发行往往供不应求，这种现象在中国场外市场几乎鲜见，而科技创新板融资满足率达到百分之百。

2012 年 2 月 15 日，上海股权托管交易中心正式启动运营

“场外市场融资难题是当前市场上最大的瓶颈。”张云峰指出，要实现以上目标，光靠政府给予政策是远远不够的，市场的流动性和产生的财富效应，在很大程度上需要推动，需要优质的团队，在推动市场的过程中，让投资产生良好的财富效应，引导专注于场外市场的投资者不断增加，积少成多，最终达到从量变到质变，让市场产生良好的流动性，让新股发行的融资行为变得简单易行。

为此，上海股交中心此前一直采用人为撮合交易方式，引导资金投向具有高成长性的企业，积少成多，从量变实现质变。同时，引导中介机构投资企业，实现企业和中介机构双丰收，以获得财富效应。

目前，全国有 30 多家区域性股权交易市场，对企业融资的门槛要求较低，如何防范风险至关重要。

在张云峰看来，我国是信贷规模庞大的国家，几百年来金融行业的实践证明了信贷规模庞大将导致巨大的风险。如今的供给侧改革中特别提到去杠杆，去库存，去产能，就说明了这一点。由于私募债属于信贷类，需要严控，定性增资也需要把好关，而单纯的企业挂牌倒是可适当放松。

因此，上海股交中心在对挂牌企业的增资行为有严格要求：第一，公司确实需要钱；第二，融到资金所投项目必须目标清晰，而且要做盈利预测，至少理论上能够证明可以产生效益；第三，定价基本合理，以防止价格太低损害小股东的利益，或价格太高损害新股东的利益。

张云峰介绍，未来上海股交中心要完成三件事：一是设立重点服务于科技创新板挂牌企业的科技创新母基金，同时也能够为更多科技创新企业服务；二是开展境外股权融资和境外债权融资两项业务，通过解剖案例提炼经验，推动制度创新；三是利用互联网发展股权众筹融资。

针对近日有消息称，中国证监会已制定完成对区域性股权市场的监管规则，并上交国务院等待批复，将考虑允许部分新四板公司到新三板挂牌。

张云峰表示，新三板的大门一直是敞开的，没有像主板和创业板一样对数量进行严控，且四板挂牌要求条件跟三板相似，符合条件的企业都可以按照传统的方式到新三板挂牌。目前，上海股交中心已经有十几家企业到新三板挂牌。新规如果确有此项规定，估计可能是新四板企业不用经过中介机构推荐，可直接转去新三板。如果确是如此，对于中国资本市场产生联动效应是重大突破。

“‘新起点　新征程　新作为——论道陆家嘴·对话金融市场领导’全媒体大型访谈”由上海市金融工作党委、市金融办、新华社中国经济信息社、陆家嘴金融城发展局、新华社新闻信息中心、第一财经、新华每日电讯、新华网、东方广播中心共同主办；《上海证券报》、东方网、第一财经广播联合主办。新华社客户端、《金融世界》杂志、中国金融信息网、东方财经·浦东频道为媒体支持。

（原载《新华每日电讯》2016 年 12 月 10 日）

资本与创新相结合上海股交中心科创板企业加速成长

新华社　杨溢仁

“上股交科创板开板近两年来，在扶持科技型、创新型中小微企业成长，更好地促进资本与创新相结合，切实发挥服务实体经济等方面起到了积极的作用。”上海股交中心总经理张云峰日前表示，截至目前，该板块挂牌企业共计137家，分布于先进制造、信息技术、节能环保等20个新兴行业，已有70家挂牌企业实现股权融资额10.1亿元；58家企业通过银行信用贷、股权质押贷及科技履约贷模式实现债权融资8.98亿元；正在进行中的股权融资约为2.57亿元。

上海股权托管交易中心科技创新板战略合作换约仪式

作为贯彻落实金融支持科创中心建设的一项重要举措，科技创新板助力“大众创业、万众创新”，是一个产业特色鲜明、制度创新先进的全新专业化资本市场板块。张云峰介绍说，由于科创板大部分企业为初创期企业，所以这个板块更强调科创性和更多的容忍度，更加关注挂牌企业的科技创新性，而非企业规模。比如去年在科创板挂牌的田强环保，就是义乌一家以电子钟后盖起步，然后一步步做大废塑料循环利用的企业，独创了“田强环保”循环经济新模式。这样一家起步于农村的传统企业，原来对于资本市场一无所知，而今逐步转型为自主创新升级，以股权激励形式加强团队建设，并抓住了与多家大企业和上市公司合作的机会。目前，公司已经发展成为再生料改性数据化、标准化的企业，并成为全球多家知名企业的专业供应商，年生产能力超过 5000 吨，年产值 3000 多万元，产品被广泛应用于汽车配件、物流周转箱、箱包配件、雨水收集系统等领域。

此外，与传统市场一般关注上市企业的盈利能力不同，科技创新板更关注企业的成长性，看中的是企业的营业收入和企业的创新投入。在科创板上，很多科技创新企业的回报是长线的，这一市场的参与者也基本上都是理性投资者，他们看好企业的成长性，对于企业的市值大多有理性的判断。正因为此，目前科创板的交易价格并不低，财富效应明显。截至 12 月 8 日，该板块共产生 482 笔交易，交易总金额 2.78 亿元，交易总股数 7783.58 万股，成交价格平均值 8.49 元 / 股，2016 年科创板挂牌企业业绩平均增长率 437.93%（主要是企业基数较小、获得融资及知名度后发展较快所致）。事实证明，在资本的助力下，科创板企业实现了逆势成长，技术发展取得了突破进展，大幅提升了科技创新板的吸引力。

（原标题为《资本与创新相结合上股交科创板企业加速成长》，
原载《上海证券报》2017 年 12 月 13 日）

张云峰：上海股交中心将是上海国际金融中心建设的要角

东方网　夏　阳

2016年12月9日，上海股权托管交易中心总经理张云峰在“‘新起点　新征程　新作为——论道陆家嘴·对话金融市场领导’全媒体大型访谈”时表示，中小企业已经成为中国经济发展的主力军，而上海股交中心则为社会资本流向中小企业提供了平台，将在上海国际金融中心建设中扮演重要角色。

“评价国际金融中心不光是要看金融产业产生多少GDP，更重要的是看你对实体经济扶持力度有多大。”张云峰解释道，金融服务业是第三产业，它的价值体现在扶持更多的实体企业发展。评价一个城市是不是金融中心，更多的就是要看它服务实体经济的能力如何。

2013年8月7日，上海股权托管交易中心中小企业报价系统启动上线

“中小企业对 GDP 贡献度为 70%，解决就业人口贡献度为 80%”，张云峰提供了这样一组数据，这表示中国经济发展要靠中小企业。而解决中小企业发展的需要靠资金推动，在这方面股权融资比银行信贷更有优势、更加切合实际。

张云峰还补充道，我们国家经济主力军是中小企业，谁服务中小企业谁就应该是国际金融中心建设的主力军，整个上海现在服务小企业的并不多，上海股交中心是一个典型为中小企业量身定制的市场，所以位置很重要。

上海股交中心科技创新板开板至今已将近一年，张云峰表示这个挂牌数 79 家的市场真正做成了精品，已成为除了主板、创业板之外最好的市场。现在科创板融资满足率是百分之百，在二级市场买者多卖者少，需担心的是将来扩容到一定规模时会不会出现像当前其他场外市场那样融资难、交易难的状况。

此外，当被问及上海股交中心创立科技创新母基金的筹备进度时，张云峰透露，科创母基金能为科创板以后扩容提供资金准备，基金的论证方案已经做了一年，胜利曙光就在眼前。

张云峰介绍，在全国 39 个场外市场中，上海股交中心对风险控制做得最严：第一，在入口严格审核企业，上海股交中心通过对大量的工作底稿的审核来验证公开披露文件的真实性、准确性和完整性；第二，对融资行为进行严格的审核；第三，严格要求企业在挂牌之后做真实、准确、完整的信息披露。上述严格的做法虽然花费了较大的代价，但张云峰说“值得而且应该这样做”。

（原载东方网 2016 年 12 月 9 日，
网址：http://finance.eastday.com/m/20161209/u1ai10144793.html）

CIPS 运营机构：人民币跨境支付系统业务量稳步增长

2016 年 12 月 12 日，跨境银行间支付清算（上海）有限责任公司总经理张欣做客访谈

企业介绍

跨境银行间支付清算（上海）有限责任公司（China International Payment Service Corp.，简称 CIPS 运营机构）是经中国人民银行批准设立的人民币跨境支付系统（Cross-Border Interbank Payment System，简称 CIPS）的运营机构，全面负责 CIPS 系统运营维护、参与者服务、业务拓展等方面的工作。CIPS 运营机构于 2015 年 7 月 31 日在上海市黄浦区正式注册成立，同年 9 月 8 日举行了成立大会暨揭牌仪式。自成立以来，CIPS 运营机构立足市场化发展策略，积极响应参与者需求，不断丰

富产品功能，优化系统服务，拓展参与者覆盖范围，积极发挥CIPS系统作为人民币跨境支付主渠道作用。

为满足人民币跨境使用的需求，进一步整合现有人民币跨境支付结算渠道和资源，提高人民币跨境支付结算效率，2012年初，人民银行决定组织建设人民币跨境支付系统，满足全球各主要时区人民币业务发展的需要。CIPS分两期建设：一期主要采用实时全额结算方式，为跨境贸易、跨境投融资和其他跨境人民币业务提供清算、结算服务；二期将采用更为节约流动性的混合结算方式，提高人民币跨境和离岸资金的清算、结算效率。2015年10月8日，人民币跨境支付系统（一期）成功上线运行。人民币跨境支付系统（CIPS）为境内外金融机构人民币跨境和离岸业务提供资金清算、结算服务，是重要的金融基础设施。系统支持跨境货物贸易和服务贸易结算、跨境直接投资、跨境融资和跨境个人汇款等业务。CIPS的建成运行是中国金融市场基础设施建设的又一里程碑事件，标志着人民币国内支付和国际支付统筹兼顾的现代化支付体系建设取得重要进展。作为重要的金融基础设施，CIPS符合《金融市场基础设施原则》等国际监管要求，对促进人民币国际化进程将起到重要支撑作用。

截至2017年末，CIPS已有31家直接参与者，677家间接参与者，参与者范围覆盖全球六大洲（亚洲505家，欧洲87家，北美洲25家，大洋洲17家，南美洲16家，非洲27家），87个国家和地区，业务实际覆盖全球145个国家和地区，涉及2199家法人金融机构。

CIPS（一期）的推广运行开辟了新的人民币跨境支付结算渠道，提高了人民币跨境结算效率。CIPS作为一个相对独立的资金清算、结算系统，在境外银行和境内银行之间铺设了一条快捷、安全的信息通道，可以满足全球各主要时区人民币业务发展需要，进一步提升人民币全球使用的便利化水平。目前，CIPS正在加快推进CIPS（二期）建设，以优良的系统功能和可靠的运维服务，吸引更多国家的银行和金融市场基础设施加入CIPS，使人民币成为跨境结算的重要选择。CIPS（二期）将延长对外服务时间，覆盖全球主要时区，增加更多服务功能，实现混合结算，支持金融市场交易的跨境人民币结算。

人民币跨境支付系统业务量每月增长 10%

新华社　姚玉洁

"人民币跨境支付系统上线一年多来，业务量稳步增长，尤其是 2016 年下半年，交易笔数和金额都有较大增长，业务量差不多以每月 10% 的速度提升。"跨境银行间支付清算（上海）有限责任公司总经理张欣说，中国人民银行正在积极准备和实施人民币跨境支付系统二期建设，各类功能将会进一步提升。

张欣 12 日在"'新起点　新征程　新作为——论道陆家嘴·对话金融市场领导'全媒体大型访谈"上向记者透露了上述情况。

人民币跨境支付系统由中国人民银行组织建设，是为全球金融机构人民币跨境和离岸业务提供资金清算、结算服务的清算系统，是我国重要的金融基础设施。

2015 年 10 月 8 日，CIPS 系统成功投产上线

张欣表示，人民币跨境支付系统最主要的特点是安全、便捷、高效。"它在系统设计、规则制定等方面都符合《金融市场基础设施原则》和《重要支付系统核心原则》，

最大限度地保证了客户的资金安全和系统的安全稳定；人民币跨境支付系统采用国际通用标准，很方便地实现中英文转换，同时充分考虑到与现行的全球同业银行金融电讯协会报文兼容和转换的需求；系统还同时兼容未来全球法人机构的标识代码，使得清算路径简洁清晰，缩短中间流程，更快捷方便。”

据介绍，随着7月份中银香港等八家中外资银行及近期光大银行等机构的加入，人民币跨境支付系统的直接参与者已从上线初期的19家增加到28家，间接参与者也从176家拓展到目前的480家，覆盖6大洲78个国家和地区，服务的时间也覆盖了亚洲、欧洲、非洲、大洋洲等人民币业务主要时区。

人民币跨境支付系统为人民币国际化战略实施和人民币加入国际货币基金组织特别提款权起到了积极的作用。这一系统对跨境人民币的流动和使用、支付结算效率的提高与安全保障等各个方面提供了重要支撑。

“人民币跨境支付系统还带动了人民币国际化与‘一带一路’建设的同频共振。”张欣说，人民币跨境支付系统的参与者分布与“一带一路”高度一致，“一带一路”沿线国家的人民币交易量和活跃度随着系统上线逐月提升。目前“一带一路”沿线已经有35个国家和地区的200多家金融机构加入人民币跨境支付系统，“一带一路”沿线国家和地区的跨境人民币业务量以每月28%的速度增长。

“近期由于人民币汇率波动和国际国内市场变化，人民币跨境支付系统业务量增长速度有所放缓，交易额略有下降，但短期的小波动不会影响这一‘主渠道’功能的发挥。”张欣透露，央行正在积极准备和实施人民币跨境支付系统二期建设，届时系统将覆盖美洲时区，人民币跨境业务也会有一个更大的提升。

（原载《新华每日电讯》2016年12月13日）

张欣：人民币跨境支付系统二期将覆盖美洲　加速人民币全球化

东方网　夏　阳

有没有觉得现在跨境汇款的速度比以往快，而汇款的成本也变低了呢？这一切都离不开2015年10月8日人民币跨境支付系统的上线运营。2016年12月12日，跨境银行间支付清算（上海）有限责任公司总经理张欣做客“‘新起点　新征程　新作为——论道陆家嘴·对话金融市场领导’全媒体大型访谈”，讲讲人民币跨境支付背后的故事。

据悉，人民币跨境支付系统是我国一个重要的金融基础设施，主要是为境内外的金融机构和广大客户提供跨境人民币业务的清算结算服务。2012年初，为满足人民币跨境使用的需求，进一步整合现有人民币跨境支付结算渠道和资源，提高人民币跨境支付结算效率，中国人民银行决定组织建设人民币跨境支付系统。2015年3月，李克强总理在政府工作报告中指出要加快建设人民币跨境支付系统，完善全球人民币清算服务体系。随后，中国人民银行就加快了建设的步伐，在2015年10月8日跨境人民币支付系统一期在上海成功投产上线。在系统建设的同时，央行批准成立了人民币跨境支付系统的运营机构，全称就是跨境银行间支付清算（上海）责任有限公司，全面负责人民币跨境支付系统运营维护、参与者服务和业务拓展等方面的工作。

张欣认为人民币跨境支付系统主要有以下特点：一是采用国际通用的报文标准和统一的中文商用代码编码标准，充分考虑现行环球同业银行金融电讯协会报文的转换要求，减少了报文转换时的人工处理环节，实现了参与者跨境业务的自动转换和直通处理。二是与国际接轨，采用全球唯一标识——全球唯一银行代码（BIC）作为参与机构的行号标识，可兼容未来全球法人机构识别编码（LEI），清算路径清晰简洁，可扩展性强，有利于人民币跨境支付系统全球推广并支持参与者国际发展。三是人民币跨境支付系统采取开放式的参与者管理模式，允许一家间接参与者与多家直接参与者建立业务代理关系。引入“一对多”机制，有利于直接参与者在提升服务水平、降低手续费用等方面贴近市场，从而提升人民币跨境支付系统客户的使用满意度。四是目前运行时间为上午9时至晚上8时，服务时间覆盖欧洲、亚洲、非洲、大洋洲等人民币业务主要时区，参与者遍布全球六大洲78个国家和地区，具有突出的渠道优势，能为外向型企业在全球主要市场的贸易、投资提供便利结算，发挥本币优势，便利企业开展人民币投融资业务。五是按照信息安全保护等级三级标准建设，充分利用国产硬软件设备，并首次采用国产加密算法实现跨境业务报文的加核签处理，最大限度确保参与者资金清算的安全、稳定。六是通过自主研发的报文传输子系统（PMTS）为跨境支付业务搭建了安全、高效、专用的报文传输平台，并为参与机构提供了更加安全、可控的专线接入方式。

张欣介绍到：近年来，随着人民币跨境业务相关的支持政策相继出台，人民币业务加速了国际化的步伐，已是全球第五大支付货币。同时，系统还助力国家“一带一路”建设实施，有数据显示“一带一路”沿线国家人民币交易量随着系统上线之后逐月增加，约有 28% 的月增长率。

“人民币跨境支付系统的建成，对我们国家加入特别提款权（SDR）的一篮子货币起了积极作用。”张欣解释道，我国一直积极推动人民币加入 SDR，这对人民币流动和自由使用有很高的要求。人民币跨境支付系统的投产上线正好在国际货币基金组织投票之前，在重要时间节点建立这个系统，对人民币加入一篮子货币起到助推作用。

当被问及人民币跨境支付系统上线以来具体结算量以及最近是否受到汇率影响时，张欣表示，系统上线一年来业务量一直在稳步增长，尤其是今年的下半年，业务量从笔数和金额来讲都有比较大的增长，业务量差不多每月提升 10%。不过，受国际国内市场上的汇率的变化，业务的增速放缓，业务的处理金额略有下降。

张欣还透露央行正在积极准备人民币跨境支付系统二期建设：二期建设中会提升各类功能，其中就有延长对外服务时间，系统延长对外服务时间后会覆盖美洲，对美洲地区的人民币业务有促进作用。

（原载东方网 2016 年 12 月 12 日，
网址：http: //finance.eastday.com/m/20161212/u1ai10151983.html）

上金所："上海金"基准价逐渐为国内外接受

2016 年 12 月 26 日，上海黄金交易所理事长焦瑾璞做客访谈

企业介绍

上海黄金交易所（简称上金所）是经国务院批准，由中国人民银行组建，我国唯一的、专门从事黄金交易的国家级市场，于 2002 年 10 月正式运行。成立以来，上金所在中国人民银行的正确领导和社会各界的大力支持下，始终坚持服务实体经济和产业发展原则，努力为投资者提供更丰富的投资渠道，已逐步发展成为中国黄金市场的核心、枢纽以及全球重要的贵金属交易市场。

上金所实行会员制，截至目前，共有全球会员254家，其中国内金融类、综合类、自营会员共167家，券商类特别会员19家，国际会员70家。国内会员单位年产金、用金量占全国的90%，冶炼能力占全国的95%；国际会员均为国际知名银行、黄金集团及投资机构。

经过15年的发展，上金所已初步构建了由商品到金融、由现货到衍生品、由场内到场外、由国内到国外的多层次黄金市场框架体系，成为由竞价、询价、定价、租借等市场共同组成、融境内主板市场与国际板市场于一体的黄金市场重要金融基础平台。上金所现有黄金、白银、铂金三大类交易品种，并为会员与客户提供清算、交割、储运等多种服务，近年来推出的“上海金”人民币集中定价、国际业务板块、黄金租借业务、黄金ETF等创新业务，受到市场各方的高度评价，并推动中国黄金市场的国际话语权和影响力不断提升。

上海黄金交易所推广“上海金”，扩大国际市场话语权　“上海金”基准价逐渐为国内外接受

新华社　王旺旺

上海黄金交易所理事长焦瑾璞26日在“‘新起点　新征程　新作为——论道陆家嘴·对话金融市场领导’全媒体大型访谈”上透露：截至11月末，“上海金”定价累计成交超过484吨，成交金额1329亿元人民币，日均成交量3.2吨。“上海金”基准价逐渐为国内外黄金企业和商业银行等金融机构所接受，在套保结算、租赁结算、新产品设计等领域越来越多地使用“上海金”基准价。

2016年4月19日，上海黄金交易所“上海金”人民币集中定价正式推出

2016年4月，全球首个以人民币计价的黄金基准价格——“上海金”基准价发布以来，整体运行稳定，市场反响热烈。10月，上海黄金交易所与迪拜黄金与商品交易所签署了《上海金基准价授权使用协议》，授权可在其开发的以离岸人民币计价的黄金期货

合约中，使用“上海金”基准价作为该合约的现金结算价。

焦瑾璞说：“下一步，上海黄金交易所将继续以‘上海金’为抓手，进一步增强人民币在黄金等金融要素市场的定价能力，推动国际定价中心建设，以改变全球黄金价格由以美元计价的伦敦金定盘价和纽约期货价格为主导的不平衡格局，提升中国黄金市场在国际规则制定中的话语权和影响力。”

上海黄金交易所于 2014 年 9 月 18 日成立国际板，直接面向境外投资者开放境内黄金市场，初步实现了国内黄金市场和国际黄金市场的有效联通。境外投资者可以通过开立上海自由贸易账户，使用离岸人民币直接参与交易所国际板和主板市场交易。

焦瑾璞说：“通过国际板，越来越多的境外投资者了解、熟悉了中国的黄金市场，对人民币计价黄金的投资意愿不断增强，上海黄金交易所的产品也逐渐获得了国际市场的普遍接受和认可，市场影响力和认同度不断提升。”

“国际板自建立以来发展良好，国际会员积极参与，交易规模稳步攀升，市场功能初步显现。”焦瑾璞介绍，交易所现已有国际会员 67 家，通过国际会员代理的国际客户共计 64 家。截至 2016 年 11 月底，国际板两年来累计成交贵金属 1.28 万吨，成交金额 2.08 万亿元。其中黄金累计成交 8282 吨，成交金额 2.07 万亿元。

上海黄金交易所一直致力于推动我国黄金市场的对外开放，积极实施“市场化、国际化”的发展战略。

焦瑾璞表示，第一步通过设立国际板，将境外投资者“请进来”，参与人民币计价的黄金等贵金属交易；第二步，通过与境外交易所探索开展跨市场合作，让金交所产品“走出去”，推动在境外交易所直接挂牌以人民币计价结算或以“上海金”基准价作为结算价的黄金交易合约，在为全球黄金市场提供公允、可交易、可信赖的黄金人民币基准价格的同时，不断扩大金交所产品的境外参与主体范围和国际市场的影响力；第三步，探索与境外交易所进行行业整合、资源共享的业务模式，加强市场的互联互通。通过汇聚境内外多样化产品，为境内外投资者提供多币种、多品类的开放性交易平台，构建各类市场主体深度参与、开放水平不断提高、要素有序流动、资源高效配置、具有活力和竞争力的市场体系，实现业务国际化和交易全球化，推动黄金市场创新、开放、共享和平衡健康发展。

上海黄金交易所是经国务院批准，由中国人民银行组建，我国唯一的、专门从事黄金交易的国家级市场，于 2002 年 10 月正式运行。自 2007 年起，交易所已连续 9 年成为全球最大的场内黄金现货交易所，2015 年全平台交易总额首次超过 10 万亿元，全年利税 7.01 亿元，均再创历史新高。2016 年前 11 个月，交易所继续保持高速增长，全平台成交额达 15.87 万亿元，同比增长 61.91%，其中，黄金成交金额 11.93 万亿元，同比增长 66.12%。

上海黄金交易所实行会员制，截至 11 月底，共有全球会员 251 家，其中国内金融类、综合类、自营会员共 167 家，特别会员 17 家，国际会员 67 家。国内会员单位年产金、用金量占全国的 90%，冶炼能力占全国的 95%；国际会员均为国际知名银行、黄金集团及投资机构。

（原载《新华每日电讯》2016 年 12 月 27 日）

中国黄金市场开放 15 年：上金所累计成交 66 万亿元

新华社　潘　清

2017 年 10 月 26 日，上海黄金交易所举办成立 15 周年新闻发布会

2002 年全面开放以来，中国黄金市场崛起为国际黄金市场主力。上海黄金交易所成立 15 年累计成交超 66 万亿元人民币，连续 10 年位居全球场内黄金现货交易量首位。

在 26 日举行的“上海黄金交易所成立十五周年新闻发布会”上，上金所理事长焦瑾璞发布了上述信息。

新中国成立以来，黄金的生产和流通一直被纳入极其严格的计划管理体制。2001 年，央行宣布取消黄金统购统配。次年 10 月 30 日，上金所正式开业，标志着中国黄金管理体制市场化改革起航。

“15 年来，上金所已经成长为由竞价、询价、定价、租赁等市场共同组成，融境内主板市场与国际板市场于一体的黄金市场重要金融基础平台，逐步发展成为中国黄金市场的核心、枢纽，以及全球不容忽视的黄金、白银等贵金属交易市场。”焦瑾璞说。

数据显示，截至 2017 年 6 月，上金所会员总数达到 253 家，其中包括外资金融类会员 8 家、国际会员 69 家。开业以来，上金所累计成交 18.29 万吨，成交金额超 66 万亿元人民币，年复合增长率保持在 50% 以上。

中国人民银行金融市场司副司长邹澜表示，经过 15 年的发展，上金所在产品种类、交易模式、参与主体、对外开放等方面取得了卓著成绩，特别是服务实体经济方面的功能显著增强，通过提升服务质量、提高市场运行效率、推出多样化的产品等，有效地支持了黄金产业的发展升级。

在推出“黄金国际板”、启动“黄金沪港通”的基础上，2016 年 4 月 19 日亮相的“上海金”，成为中国黄金市场对外开放历程中重要的标志性事件。截至 6 月末，“上海金”定价交易成交量达 1047.16 吨，成交金额 2875 亿元。

世界黄金协会首席执行官施安霖表示，“上海金”定价机制为由伦敦、纽约和上海共同构建的全球黄金交易市场夯实了基础。

焦瑾璞透露，借助于亚洲的时区、人民币定价的特点和上海自贸试验区的条件，未来“上海金”基准价将不断拓展应用范围、扩大市场参与度。

（原载新华网 2017 年 10 月 27 日，
网址：http: //www.sh.xinhuanet.com/2017-10/27/c_136708615.htm）

焦瑾璞：上海黄金交易所三代系统明年上线

东方网　夏　阳

2016年12月26日，上海黄金交易所理事长焦瑾璞在"'新起点　新征程　新作为——论道陆家嘴·对话金融市场领导'全媒体大型访谈"中透露，上海黄金交易所明年即将上线三代交易系统，在交易撮合、清算处理等各方面均实现国内领先、国际先进水平。

上海黄金交易所2016年4月推出上海金基准价（简称"上海金"），"上海金"系第一个以人民币标价的大宗商品。截至11月末，"上海金"定价累计成交超过484吨，成交金额1329亿元人民币，日均成交量3.2吨。10月，上海黄金交易所与迪拜黄金与商品交易所签署了《上海金基准价授权使用协议》，为人民币国际化和中国"一带一路"建设添砖加瓦。

两年前，上海黄金交易所在上海自贸试验区成立了国际板，使境外投资者直接参与到交易所国际板和主板交易中。国际板推动上海黄金交易所交易价格从区域性的价格逐步向国际性的价格转变，形成有国际影响力的"上海金"。

据焦瑾璞介绍，上海黄金交易所现已有国际会员67家，通过国际会员代理的国际客户共计64家。截至2016年11月底，国际板两年来累计成交贵金属1.28万吨，成交金额2.08万亿元。其中黄金累计成交8282吨，成交金额2.07万亿元。

"在中国投资和交易黄金，必须通过上海黄金交易所这样的正规渠道。"焦瑾璞解释道，上海黄金交易所是经国务院批准，由中国人民银行组建，我国唯一的、专门从事黄金交易的国家级市场，对于市面上各类非法黄金交易平台滋生的现象，上海黄金交易所积极配合央行等金融监管部门开展黄金知识普及教育，切实加强投资者权益保护。

（原载东方网2016年12月26日，
网址：http://finance.eastday.com/m/20161226/u1ai10200835_K30943.html）

上海清算所：中国金融市场对外开放探路者

2017 年 1 月 3 日，上海清算所董事长许臻做客访谈

企业介绍

银行间市场清算所股份有限公司（简称上海清算所）于 2009 年 11 月 28 日成立，是中国人民银行认定的合格中央对手方，获得美国商品期货交易委员会许可，可向美国清算会员自营交易提供清算服务，同时是我国公司信用债券登记托管结算中心。

上海清算所以“规范化、市场化和国际化”为目标，为金融市场直接和间接的本外币交易及衍生产品交易提供登记、托管、清算、结算、交割、保证金管理、抵押品管理以及信息咨询等业务服务。

上海清算所积极落实金融服务实体经济的本质要求，同步推进中央对手清算与登记托管结算业务，现已建立我国场外金融市场中央对手清算服务体系，覆盖债券、利率、外汇和汇率、大宗商品衍生品市场，同时为公司信用债和货币市场工具等近 20 种创新金融产品提供登记托管和清算结算服务。

作为全球金融危机后防范系统性风险的重要金融基础设施，上海清算所严格按照国际清算银行与国际证监会组织联合发布的《金融市场基础设施原则》(PFMI)国际标准，建立了完整、高效、先进的风险管理体系，在 2016 年《金融市场基础设施原则》评估报告中获得最高评级（第四级），已与全球主要经济体处于同一水平；风险防控作用和地位不断凸显，2015 年成为全球中央对手方协会（CCP12）执委会委员，随后成功推动协会 2016 年落户上海、2017 年 1 月实体运营，参与并促成协会 2017 年 11 月发布了首个清算行业国际标准——CCP12 量化披露实务标准（“外滩标准”）。CCP12 是第一个注册我国的国际性行业协会，也是继金砖银行、亚投行后第三个落户我国的国际金融组织，有利于提升我国金融软实力，助力上海国际金融中心建设。

上海清算所：中国金融市场对外开放探路者

新华社　姚玉洁

上海清算所将正式推出上海碳配额远期中央对手清算业务，这是我国首个碳排放衍生品清算业务。上海清算所将在此基础上把服务范围向全国拓展，并逐步将排污权、清洁能源等绿色金融衍生品纳入规范的清算体系。

这是上海清算所董事长许臻3日在"'新起点　新征程　新作为——论道陆家嘴·对话金融市场领导'全媒体大型访谈"上透露的。通过持续业务创新，上海清算所确立了金融市场基础设施的国际领先地位，为我国金融市场双向开放建桥铺路，并在相关领域争夺国际话语权。

中央对手方是具有系统重要性的金融市场基础设施，负责对场外金融市场，包括外汇市场、货币市场、证券市场以及金融衍生品市场的交易进行清算处理。2008年国际金融危机后，鉴于中央对手清算机制在保障交易履行、阻隔风险传导和防范系统性风险等方面的独特优势，2009年G20匹兹堡峰会上，与会各国达成共识，所有标准化的场外衍生品都要实行中央对手清算。

"上海清算所自2009年创立以来，已建成覆盖利率、汇率、债券、大宗商品、碳金融等多领域，比较完整的场外市场中央对手清算体系。"许臻说。

"十二五"时期，上海清算所以平均2—3个月推出一项新产品的"创新速度"持续高速发展。2014年至2016年，清算总量年均增长率达到114%，中央对手清算年均增长率76%。

上海清算所已成为我国金融市场对外开放创新的探路者。结合上海自贸试验区先行先试的政策优势，以大宗商品为切入点探索跨境清算业务创新，上海清算所先后推出自贸区铜溢价掉期、自贸区乙二醇进口掉期中央对手清算业务以及自贸区大宗商品现货清算业务，通过使用跨境人民币清算结算，创新了跨境人民币在金融市场的使用，助力金融开放创新。

上海清算所在多个领域率先突破，敢"吃螃蟹"，创下多个全球或全国第一。2016年4月，上海清算所登记托管了我国首只绿色信用债券，促进我国绿色债券市场在发行人多元化、非金融企业迅速成为发行人主体等发展趋势上，与国际绿色债券市场完全同步；8月，上海清算所推出全球首个外汇期权中央对手清算服务；继自贸区债券柜台业务后，上海清算所于9月完成我国首单SDR计价债券——世界银行2016年第一期特别提款权计价债券的登记确权。这是推动SDR金融工具市场化的一个有益尝试，有利于丰富我国债券市场交易品种，促进债券市场开放与发展，推动人民币国际化进程。

通过制度创新，上海清算所建立了全链条、瀑布式的中央对手风控机制，有效防范单一风险向整体市场扩散，防止风险共振和系统性风险的产生，为我国金融创新筑起了风险“防火墙”和安全“压舱石”。

2016 年 1 月，上海清算所推出中国信用债指数，通过为市场提供更公允和准确的风险监测指标，促进市场信息更加透明，同时基于指数基金产品也能够促进市场的投资活动风险分散化，更加专业地开展风险管理。目前，上海清算所在全国债券发行量中所占市场份额超过 50%；在全国公司信用债券发行量中所占份额接近 85%。上海事实上已成为全国公司信用债券发行托管结算中心。

许臻说：“随着中央对手清算机制在国际金融体系改革中的作用逐步凸显，全球中央对手方协会正逐步成为参与国际金融规则制定的重要国际行业协会。率先将全球中央对手方协会引入我国，将极大地提升我国在这一领域影响力，并逐步把握国际行业管理的主动权。”

2017 年 11 月 2 日，由全球中央对手方协会（CCP12）主办、上海清算所承办的中央对手清算法律论坛暨《CCP12 量化披露实务标准》发布会在上海外滩隆重举行

经过艰苦努力，唯一全球性中央对手清算机构同业组织——全球中央对手方协会（CCP12）法人实体于 2016 年 6 月正式落户上海。“全球中央对手方协会将于近日正式开业并启动实质性工作，上海在国际金融市场的话语权再度彰显，金融基础设施将进一步完善。”许臻说。

（原载《新华每日电讯》2017 年 1 月 5 日）

上海清算所：境外机构持人民币债券规模首破万亿大关

新华社 杨溢仁

中央国债登记结算有限责任公司和上海清算所提供的最新数据显示，截至2017年9月末，境外机构在境内的债券托管量达10 610.53亿元，创出历史新高。

在业内人士看来，现阶段境外机构大幅增持人民币债券，与“债券通”的开启密切相关。该项制度安排一方面提高了境外机构投资在岸人民币债券的便利性，打通了购债的技术性障碍；另一方面也彰显了我国积极推动“流入侧”改革，开放债券市场的坚定决心。

“债券通”试运行以来，通过“北向通”(境外投资者经由香港与内地基础设施间互联互通的机制安排)，参与银行间债券市场发行认购的境外资本显著增多，拓宽了境内债券市场的投资群体，丰富了投资者结构，提高了境内市场的活跃度。

不少外资机构预测，中国国债将在未来36个月内被纳入全球主要债券基准指数，由此将激发2500亿—3000亿美元的资金流入中国债市。

工银国际首席经济学家程实亦认为，中国债市对外开放已步入“快车道”，一旦其被纳入国际三大核心债券指数，彼时追随债券指数的基金配置需求将大量涌入。

展望后续，在对外开放不断深化的过程中，伴随国内债券市场制度安排和环境建设的进一步完善，更好的“硬件”和“软件”将为国际资金的不断涌入奠定基础。

资本市场的国际化将有助于推动我国债券市场的微观建造。境外投资人对市场规则的解读，对资产定价透明度的期望，对风险对冲工具的要求，对评级方法论的挑战，以及对公司法、破产法等法律的理解和诉求，都会通过和国内市场的沟通，推动我国债市微观构造的改进。

国家开发银行资金局副局长余汪顺表示，债市开放有12个字，即“新开门、软接轨、补短板、抓联动”。把“门”打开看一看，充分尊重中国国内的市场情况和国际投资者的基本惯例与交易习惯，将国内债市建成一个有活力、有体系、有技术的市场指日可待。

（原载中证网2017年10月26日，
网址：http://www.cs.com.cn/xwzx/201710/t20171026_5537354.html）

加强金融基础设施互联互通推动中国债券市场开放

——访上海清算所董事长许臻

新华社　邓　茜

银行间市场清算所股份有限公司（简称上海清算所）董事长许臻日前在伦敦接受新华社记者专访时表示，伦敦金融中心具有多方面的国际优势，英国同业在交易和风险防范等方面的先进经验值得中国企业学习，英国“脱欧”会带来不确定性，但对中国来说也是机会，可以先推进金融基础设施的互联互通，为今后深入合作做好准备。

上海清算所是经中国人民银行批准并由其主管的独立清算机构，是中国金融市场系统重要性基础设施。该机构日前在伦敦宣布正式设立海外第一家办事处，这是对去年第八次中英经济财金对话成果的重要落实。

在谈到为何要选择伦敦作为“走出去”第一步时，许臻表示，伦敦清算所是最早的中央对手清算所，主要做金融市场交易后清算，服务对象是机构投资者。清算所相当于金融业的风险管家，伦敦清算所由于历史悠久，在处理危机方面具有非常丰富的经验，值得中国学习。

上海清算所开业办公场所：上海市中山南路318号东方国际金融广场

他介绍说，在2008年国际金融危机后，中国人民银行看到建立金融防火墙的重要性，决定成立自己的中央对手清算机构，上海清算所便于2009年成立，其结构设计和标准起步很高，已经是国际标准。“但我们没有经历过危机，非常需要向伦敦学习风险处置的经验。”

当记者问到是否会担忧英国“脱欧”对于伦敦国际金融中心地位的影响时，许臻说，“脱欧”会带来复杂性，对于英国和欧洲市场会产生影响，但金融机构本身就有风险偏好，不确定性多，金融市场才有机会。国际金融中心的形成，不是单靠资金就可以堆出来的，而是有内在文化、专业的积淀。英国“脱欧”为中国机构提供了潜在合作机会。

许臻说，此行之中，他与伦敦金融城、伦敦清算所、欧洲清算银行、德交所集团、明讯银行等机构深入交流，希望加强金融基础设施的互联互通。

许臻提出，要先与国际金融机构的债券交易部分的标准、通信、传输等系统联通，便于业务资源共享。等相关政策落地后，就可以立即开展业务。至于为何首先关注债券业务，他表示，人民币国际化的进程中，先实现“债券通”是可行性较强的互联互通方式。由于国债是投资结构配比中保值的部分，同时又不涉及交易的时差问题，因此以国债为主的债券市场对外开放加强合作会进展更快。从人民币自由兑换和国际化的开放程度来说，应是先在岸债券市场、货币市场开放，然后是股票市场、资本市场。

他表示，将通过互联互通等方式，帮助对中国金融市场感兴趣的外资机构进入中国市场，同时帮助更多中资机构走向国际资本市场，并进一步推动金融基础设施国际标准的建设和完善。

（原载新华网2017年3月25日，
网址：http：//www.xinhuanet.com/fortune/2017-03/25/c_1120694099.htm）

上海清算所：勇做中国金融市场对外开放的“领路人”

东方网　夏　阳

1月3日，银行间市场清算所股份有限公司党委书记、董事长许臻在“‘新起点　新征程　新作为——论道陆家嘴·对话金融市场领导’全媒体大型访谈”中表示，作为重要金融基础设施，上海清算所坚持用自上而下的制度建设和自下而上的业务创新这“两条腿”走路，不仅服务中国金融市场双向开放，在业务创新上领路、铺路；更要在国际金融领域的制度性话语权上积极铺路、领路。

半年前，在金融领域堪称“高大上”的全球中央对手方协会（CCP12）注册落户上海，国际金融市场中“中国声音”得到进一步彰显。CCP12是唯一的全球性中央对手方行业协会；也是目前唯一能够代表全球中央对手方行业，向各国中央银行和国际组织提出政策建议，拟订行业标准，促进跨境监管协调的组织。

在人民银行和上海市政府的指导下，上海清算所积极参与推进CCP12落户上海。当时，面临伦敦、布鲁塞尔和迪拜三个强有力的竞争对手。当被问及上海清算所如何在激烈的竞争中促成这一历史性进程时，许臻说道，我们国家的金融发展成就和巨大发展前景的最大优势促成协会落户上海。上海国际金融中心建设的国家战略以及上海自贸试验区的创新政策等为CCP12的引入，提供了优越的基础设施发展环境。同时，上海清算所是危机后，全球第二家、亚洲第一家由央行推动新设中央对手清算机构，可以说我国在中央对手清算机制建设方面与国际同步，甚至领先。

许臻还谈到，在促成CCP12成功落户上海的过程中，上海清算所在人民银行和上海市的指导支持下，各部门积极发挥勇于担当、事在人为的精神。上海清算所高管开展全球营销工作，与CCP12成员机构的高管开展直接对话；过去三年900天中分别率20余个团组、约79人次，累计行程可绕地球36圈。同时，人民银行和上海市政府对协会落户工作高度重视。上海市长杨雄先后于2014年9月和2015年6月，亲自接见CCP12两任主席及相关执委会成员，推荐上海作为注册地；2016年CCP12注册成立大会前，央行行长周小川亲自接见美国商品期货交易委员会主席马萨德；注册成立大会后，上海市委书记韩正也会见了马萨德主席并表示，希望通过该平台加强与世界金融机构的交流与合作。作为危机后重点发展并取得突出成果的中央对手清算机构代表，上海清算所获得国际主流同业的广泛认可，在较短时间当选CCP12执委，晋级成为核心管理层的一员。

许臻表示，在国际化的道路上，上海清算所制度建设先行的同时，还不断探索各项业务走在国际前沿。针对G20主要经济体规定纳入，但尚未纳入中央对手清算的外汇期权，上海清算所已经在2016年8月向市场推出，成为全球首家推出外汇期权中央对手清算服务的清算机构。其中，创新了外汇结算银行制度安排，有效解决了国际上外汇期权同步交割、担保交收的难题，形成对外汇市场系统性风险防范的全覆盖，做到了国际行业领先。

许臻强调，我国金融市场不是一“开”了之，防控系统性风险是中央对手清算机构的核心任务。从风险管理制度上，上海清算所根据支付与市场基础设施委员会以及国际证监会组织联合发布的《金融市场基础设施原则》(PFMI)，建立了全链条、瀑布式的中央对手风控机制，有效防范单一风险向整体市场的扩散。目前，上海清算所采取多种手段保障了信用债刚性兑付打破后的市场平稳运行。

回顾“十二五”时期，上海清算所以平均2—3个月推出一项新产品的“创新速度”持续高速发展。2014年至2016年，清算总量年均增长率达到114%；中央对手清算年均增长率76%。2016年清算总金额219.41万亿元，同比增长74%，其中中央对手清算金额65.4万亿元，同比增长55%。

据悉，上海清算所将于1月12日正式推出上海碳配额远期中央对手清算业务，在此基础上把服务领域不断向其他排污权、清洁能源等绿色经济的新兴领域拓展。

（原载东方网2017年1月4日，
网址：http://mini.eastday.com/a/170104151640707-2.html）

中央结算公司：打造“人民币利率定价中心”

2017 年 8 月 23 日，中央国债登记结算有限责任公司监事长白伟群做客访谈

企业介绍

中央国债登记结算有限责任公司（简称中央结算公司）是经国务院批准并出资设立的国有独资中央金融企业，注册资本 50 亿元，是承担中央登记托管结算职能的国家重要金融基础设施。

自 1996 年成立以来，在主管部门的领导和指导下，中央结算公司从国债和政策性金融债的无纸化集中托管起步，逐步发展成为债券及多类金融产品的中央登记托管结算机构。二十多年来，中央结算公司打造形成集中统一的中央登记托管体系，逐步确立债券全生命周期服务体系，实现中国债券市场基础设施现代化。目前，中央结算公司是人民银行指定的银行间市场债券登记托管结算机构和商业银行柜台记账式国债交易一级托管人，是财政部唯一授权的国债总托管人，是发改委授权的企业债券总登记托管人和第三方技术评估机构，并承担信用体系建设、政府出资产业基金登记等服务职能。根据银监会授权，中央结算公司为信贷资产流转以及理财、信托产品提供集中登记服务。

公司使命是为中国金融市场提供安全、高效、专业的基础服务。

公司设有上海总部、深圳客户服务中心，参股上海清算所，控股成立银行业信贷资产登记流转中心、中国信托登记有限责任公司，独资组建银行业理财登记托管中心、中债金科有限公司、中债金融估值中心有限公司、中债金石资产管理公司，成立中债企业债券评估中心、中债担保品业务中心、中债研发中心等事业部，初步形成了集团化架构。

截至2017年末，中央结算公司登记托管各类金融资产共计106.7万亿元，较上年末增长14.8万亿元。其中，债券类资产51万亿元，商业银行理财产品29.4万亿元，信托产品24.2万亿元，信贷合同类产品2.1万亿元，为保障市场健康发展、提升监管有效性、保护投资者权益发挥了积极作用。

2015年7月，在中央结算公司战略指引下，中央结算公司组建了上海分公司；在上海市委、市政府，各主管部门的大力支持下，中央结算公司在沪展业不断取得新突破。2017年12月，中央结算公司积极响应上海市政府号召，设立上海总部、中债担保品业务中心，成功发布上海关键收益率（SKY）。面向2020年，上海总部将以市场化、国际化为导向，打造与国家核心金融基础设施、上海国际金融中心地位相匹配的上海总部，建设以跨境发行、跨境结算、担保品管理、金融估值、数据中心“五位一体”协同发展为核心特色，具有国际影响力的债券市场功能平台。中央结算公司将立足金融市场开放前沿，积极推动人民币国际化，全力支持“上海国际金融中心”“自贸试验区”建设等国家重大战略的实施。

中央结算公司：打造“人民币利率定价中心”

新华社　姚玉洁

“随着中债金融估值中心落户上海，中央结算公司将服务上海国际金融中心建设，依托国债收益率曲线、中债系列指数等价格基准产品，打造辐射全球的‘人民币利率定价中心’。”中央国债登记结算有限公司（简称中央结算公司）监事长白伟群23日在“‘新起点　新征程　新作为——论道陆家嘴·对话金融市场领导’全媒体大型访谈”上说。

2017年12月4日，中央国债登记结算有限责任公司上海总部揭牌，各界代表共襄盛举的合影

中央结算公司是经国务院批准设立的中央登记托管结算机构，是我国重要的金融基础设施和债券市场核心枢纽。自1996年成立以来，中央结算公司累计支持发行国债21万亿元、地方政府债11万亿元、政策性金融债25万亿元、企业债4.5万亿元。

白伟群说：“金融定价权是大国金融的核心诉求，债券市场作为金融市场的基础市场、核心市场，其价格基准在整个金融体系中有着举足轻重的作用。债券市场中形成的以债券收益曲线为代表的基本价格指标，直接影响到贷款利率、资金利率、银行理财利率等重要利率体系，对我国利率市场化、人民币国际化等的实施有重要意义。”

按照中央深改办的要求，中央结算公司每日编制发布以国债收益曲线为代表的基准价格指标，在中国人民银行、财政部、（银保监会）亚洲开发银行等官方网站发布，财政部使用中债国债收益率曲线作为国债和地方债发行定价基准，国际货币基金组织将三个月期国债收益率纳入 SDR 利率篮子。

“为服务上海国际金融中心和上海自贸试验区两大国家战略，中央结算公司将在上海自贸试验区建设四大核心功能平台，包括人民币债券的跨境发行中心、跨境结算中心、中债金融估值中心和中债担保品业务中心。”白伟群说。

值得关注的是，中债金融估值中心作为人民币利率基准定价平台落户上海，将为巨量的境内外金融资本提供定价基准，支持上海形成包括股票、债券、外汇、衍生品等市场在内的完整金融资产定价体系，进一步巩固上海作为全球人民币资产定价中心的地位。

（原载新华网 2017 年 8 月 23 日，
网址：http：//www.xinhuanet.com/fortune/2017-08/23/c_1121532080.htm）

白伟群：中央结算公司助力上海国际金融中心建设

东方网　夏　阳

2017年8月23日，中央国债登记结算有限责任公司（简称中央结算公司）监事长兼上海分公司总经理白伟群在“‘新起点　新征程　新作为——论道陆家嘴·对话金融市场领导’全媒体大型访谈”时表示，中债估值落户上海发布基准价格，对于上海建设国际金融中心以及自贸区发展将发挥重要作用。

未来中国债券市场规模将超过一百万亿元

中国债市总体规模大、融资占比额高，从总量规模看，截至2017年6月份，中国债券市场总量为65万亿元，作为对比，中国股票市场市值总额53万亿元左右，流通市值约39万亿元。从融资角度看，2016年中国社会融资总额增加额17.8万亿元，直接融资占24%，其中债券直接融资占17%，股票直接融资占7%。

白伟群指出，债券市场是中国最重要的一个直接融资渠道，效率高、成本低，给实体经济服务，给供给侧结构性改革服务。此外，债券市场功能远不止于直接融资，还对金融改革、深化改革、扩大开放等重要命题有关键作用，比如利率市场化、人民币国际化等。总体上看，债券价格波动小、流动性好，系全球资本配置的主要领域，债券市场的发展开放将会成为人民币国际化的决胜环节。

债券市场也是国民经济体系重要组成部分，和实体经济密切相关。如果中国GDP增长到将近一百万亿元，那么，债券市场达到一百万亿元规模是可期的。白伟群举例道，从发达国家看，日本债券市场占到GDP比重250%，美国比例差不多200%，中国债券市场目前债市规模占到GDP比重接近100%，中国债市发展到一百万亿元规模是值得期待的。

中央结算公司助力上海国际金融中心建设

“十三五”期间，上海致力于打造全球人民币基准价格形成中心、资产定价中心和支付清算中心。白伟群介绍道，围绕这样的核心功能，中央结算公司在上海自贸试验区打造四个重要核心功能，包括人民币跨境发行中心、人民币跨境结算中心、中债金融估值中心和中债担保品业务中心。

中央结算公司上海分公司去年在上海本地支持发行的债券已超过1.4万亿元。中央结算公司支持上海市政府在上海自贸试验区发行第一单自贸区债券，总额30亿元；此外，它还支持落户上海的金砖国家银行新开发银行在中国银行间债券市场发行人民币绿色金融债券，价值 30 亿元。这些都是中央结算公司围绕跨境发行平台建设做的有益探索。

2016 年，中央结算公司支持结算债券超过一千万亿元，占到中国人民银行大额支付系统整体资金结算量的三分之一。同时，作为中国债券市场开放的开放门户，超过 500 家监管机构投资者在中央结算公司开户。白伟群认为，中央结算公司在上海建设跨境结算中心，是有基础的。

从担保品中心角度来讲，白伟群透露："我们的中债担保品管理中心，其实功能已经落地，很快将在上海自贸区挂牌。"

在上海市政府和浦东新区政府的支持下，2017 年 7 月 5 日，中央结算公司全资子公司中债金融估值中心正式落户上海，实现权威债券市场基准价格在上海发布。自此，中债估值将在上海发布国债收益率曲线、中债系列指数、债券市场基准价格，助力上海成为人民币的定价中心，向全球发挥其影响力与辐射带动作用。

2017 年 7 月 5 日，中债金融估值中心有限公司正式成立

"金融定价权是大国金融的核心诉求，也是战略性的兵家必争之地。"白伟群强调道，在上海国际金融中心建设的过程当中，债券市场会发挥核心市场和基准市场的作

用，市场化的基准利率会发挥越来越大的影响力。今后，随着一系列债券价格基准产品在上海发布，这将为上海建设成为人民币定价中心，并为中国牢牢掌握人民币金融体系的定价权发挥重要作用。

（原标题为《白伟群：中债登助力上海国际金融中心建设》，
原载东方网 2017 年 8 月 24 日，
网址：http：//finance.eastday.com/eastday/n23/n35/u1ai195002.html）

三、2017 年陆家嘴金融城十大新闻事件

“十三五”陆家嘴将建成“一城两区一支点”

《浦东时报》 张淑贤

记者近日从陆家嘴金融城获悉，“十三五”期间，陆家嘴金融城将紧紧抓住人民币国际化进程加快机遇，充分发挥上海自贸试验区改革开放和制度创新的平台作用，努力建成国际一流的金融城、世界级中央活动区、金融贸易制度创新先行区和成为上海建设全球城市的战略支点，即“一城两区一支点”。

金融城功能定位凸显“国际范”

国际一流、世界级、全球城市的战略支点等“字眼”，无不彰显着陆家嘴金融城功能定位的“国际范”。

国际一流金融城的定位代表着金融业，这是陆家嘴主导产业之一；中央活动区重点强调商务功能，“十三五”期间，陆家嘴金融城一个较大的亮点即不仅是 CBD，还将进一步完善和优化商业、居住、文化和娱乐等配套环境，打好“产城融合牌”。

“战略支点”源自上海这座城市的定位。在《上海市城市总体规划（2016—2040）》中，上海提出到 2040 年要建设卓越的全球城市，陆家嘴管理局相关负责人表示，这是上海首次采用国际化的语言进行城市定位，作为上海国际金融中心建设的主体承载区，陆家嘴力争成为撬动上海建设卓越全球城市的战略支点。

“金融贸易制度创新先行区”则与上海自贸试验区建设对应。作为上海自贸试验区金改的主要承载地，“十三五”期间，陆家嘴金融城将加快推进资本项目可兑换、人民币跨境使用等，力争金融制度或业务创新在陆家嘴落地，为全国提供更多可复制、可推广、可辐射的经验成果。

着力培育和发展五大功能

为实现上述战略定位，陆家嘴金融城“十三五”期间将着力培育和发展壮大五大功能：强化高端要素集聚功能，打造“陆家嘴价格”和“陆家嘴标准”；强化全球资源配置功能，打造中国乃至亚太经济中枢；培育文化生成引领功能，打造上海时尚文化风向标；培育创新创业创投功能，打造陆家嘴发展新引擎；优化生态宜居功能，打造魅力绿色国际社区。

目前，陆家嘴金融城已集聚了银、证、保等持牌金融机构近800家，拥有上海证券交易所等10余家国家级交易所。未来，还将强化高端要素集聚和整合能力，推动区内各类市场以人民币进行计价、交易、清算，代表国家积极争取全球资源产品的定价权，打造具有全球影响力的“陆家嘴价格”和“陆家嘴标准”。

同时，以总部经济及其跨境投融资活动为依托，陆家嘴金融城将积极融入全球城市网络体系，发出引领全球的“陆家嘴声音”，提升国际沟通力、传播力和影响力，打造国际信息枢纽。“世界的陆家嘴，也是要为全球服务的。”陆家嘴管理局相关负责人说。

陆家嘴金融城还是时尚的。“十三五”期间，陆家嘴金融城将推动浦东美术馆、上海博物馆东馆、上海图书馆东馆建设，推出具有国际水准、深度契合陆家嘴白领需求的文化设施；筹建小型专业博物馆、艺术画廊、大师工作室和文学咖啡馆等，打造一批各具特色的“陆家嘴艺术街区”；举办国际时装秀、流行音乐节和文化集市等，打造与纽约百老汇、伦敦西区、巴黎左岸齐名的“陆家嘴东岸”文化城；推动文化建设与资本市场对接，打造集文化内容制作、文化经纪、文化投融资等于一体的文化产业链和价值链，形成黄浦江沿岸最大的文化创意产业集聚区。

创业创投方面，陆家嘴金融城“十三五”期间将引导区域内的天使投资、创业投资、风险投资与各类创业孵化器相结合，推动一批互联网金融、文化创意、跨境电子商务等创业企业快速涌现；绿色国际社区方面，陆家嘴金融城将进一步优化宜商、宜居、宜业、宜行、宜娱环境，打造陆家嘴全生态闭环系统，形成多元化功能的宜居城区。

（原载《浦东时报》2017年3月2日）

从修路架桥到输出技术“上海元素”融入“一带一路”

新华社　何欣荣　姚玉洁

一手牵着“长江经济带”，一手挽起“21 世纪海上丝绸之路”。地处我国开放最前沿的上海，近年来响应国家“一带一路”倡议，一个个集装箱从上海港出发通达全球，一家家企业以上海自贸试验区为平台开展跨境投资，更有一批批中国技术、标准在海外落地生根……

从修机场到建港口，推动基础设施互联互通

斯里兰卡首都的科伦坡国际机场，2017 年年初迎来了斯里兰卡交通部部长一行。在视察了机场的跑道扩建工程后，斯里兰卡官员对中国的专业施工团队竖起了大拇指。

科伦坡机场扩建项目，由总部位于上海陆家嘴的远东宏信公司和中航国际工程公司携手完成。远东宏信副总裁尚兵告诉记者，过去几年远东参与了北京首都国际机场、上海虹桥国际机场等知名项目。“在积累丰富经验的基础上，远东积极拓展全球市场，首个海外项目就选择‘一带一路’沿线的斯里兰卡。”

和科伦坡机场一样，由上海企业承建的工程项目在境外被“点赞”的还有很多。基础设施的互联互通是“一带一路”的重点，发挥国际航运中心和航空枢纽的优势，上海建设者积极架起互联互通的桥梁。

作为全球第一大集装箱港口，上海国际港务集团 2015 年中标以色列海法新港自 2021 年起 25 年的码头经营权，目前该码头正在稳步建设中。上港集团副总裁丁向明表示，在东南亚和欧洲地区，上海港也有一批项目在接洽中。

基础设施互通不但提升了“一带一路”沿线地区的竞争力，也带动了中国企业的国际化转型，是典型的双赢。承建中国第一高楼“上海中心”的上海建工，跟随“一带一路”倡议的脚步，目前已跻身全球十大工程承包商行列。截至今年一季度，上海建工在全球共有 28 个在建项目，分布在亚洲、非洲、美洲、大洋洲的 17 个国家和地区。

从走出去到发债券，构建服务“一带一路”新形式

2017 年 3 月底，国务院印发《全面深化中国（上海）自由贸易试验区改革开放方

案》，其中明确要求上海自贸试验区要成为服务国家“一带一路”建设和推动市场主体走出去的重要平台。

由于在国内率先试点境外投资备案制，上海自贸试验区已成为中国企业走出去的重要途径。仅上海自贸试验区保税区域，2016 年完成境外投资新设备案 492 个，中方对外投资额 195.9 亿美元。

“以自贸区为平台，中国企业走出去有两个方向，一是满足国内消费升级的需要，二是满足自身技术升级的需求。”贝克麦坚时国际律师事务所上海代表处首席代表张大年表示。由于“一带一路”沿线国家的政治和法律制度差异较大，企业走出去面临一定风险。上海自贸区内集聚的大量专业机构，为市场主体提供法律、咨询和会计等一系列服务。

不仅走出去，还要请进来。2017 年 3 月，俄罗斯铝业联合公司在上交所申报并完成 2017 年首期公司债券发行，这是首单“一带一路”沿线国家企业在我国发行的熊猫债。

上海市金融办副主任李军表示，依托上海面向国际的金融市场，上海自贸试验区未来将打造成“一带一路”投融资的中心。比如随着债券市场的开放，未来会有更多的“丝路债券”在国内发行。

从泰国版“银联”到印度“支付宝”，输出中国技术和标准

除了修路架桥、投资建厂，还有一批中国技术、标准从上海出发，在海外落地生根，让“一带一路”沿线地区的民众感受到科技的便利和魅力。

作为中亚区域重要国家，短短两年间，哈萨克斯坦 ATM 和 POS 终端的银联卡受理覆盖率从 50% 和 20%，快速提升到目前的 80%。同时，当地已累计发行超过 130 万张银联卡。

银联国际首席执行官蔡剑波表示，除了自有网络和品牌“走出去”，银联还通过参与境外支付产业基础设施建设、芯片卡标准授权等方式，推动中国金融技术标准“出海”。比如，银联与泰国主要银行合作建立本地转接网络，并以此为基础，帮助泰国创建自有借记卡品牌 TPN。

中国迅速发展的互联网技术和商业模式，更成为“一带一路”沿线国家争相复制的对象。今年 4 月，印度移动支付巨头 PAYTM 宣布用户数达到 2.2 亿，跃升为全球第三大电子钱包。PAYTM 复制的对象，就是总部位于上海的支付宝。

“中国领先世界的移动支付技术，给不少金融欠发达的国家提供了弯道超车的机会。”中国社科院原副院长李扬指出。目前，支付宝母公司蚂蚁金服，正通过输出安全风控、数据分析等基础技术，先后与印度、泰国、菲律宾、印度尼西亚等国的合作伙伴展开战略合作，共同打造当地版支付宝。

（原载《新华每日电讯》2017 年 5 月 17 日）

党支部建在“第一高楼”上

——上海陆家嘴特色党建侧记

新华社　何欣荣

高楼林立的金融城里，有 1 万平方米党建阵地；精心打造的“金领驿站”，吸引数十万“白领”。上海陆家嘴面向大批金融机构和高学历“白领”，开展特色基层党建工作，被评为“全国先进基层党组织”。

寸土寸金之地有 1 万平方米党建阵地

站在上海中心大厦 22 层，可以看到黄浦江的美丽身影。这样一处绝佳空间，是陆家嘴金融城“金领驿站”所在地。

作为区域党建服务平台，像这样的“金领驿站”，在陆家嘴有 32 个，总面积约 1 万平方米。

寸土寸金之地建设“金领驿站”，并不是靠行政指令，而是企业自发支持。上海中心大厦建设发展有限公司党委副书记邵竹青说，入驻上海中心大厦的企业里，90% 以上是外资、合资和民营企业。为了把这些企业里的党员组织起来，同时给大厦里的“白领”开展教育培训、交友联谊等提供公共空间，上海中心大厦拿出 588 平方米的物业面积，建设“金领驿站”的旗舰站，引来入驻企业点赞。

“在陆家嘴，一栋楼相当于一条街。上海中心 58 万平方米的建筑面积，几乎和著名的外滩相当。”上海陆家嘴金融贸易区综合党委书记薛英平说。这样的区域开展党建，第一步是“扫楼”，采用片区联建等方式，陆家嘴过去一年新建 62 个党组织。其次是搭建服务平台。通过企业出场地、整合社会资源，陆家嘴的“金领驿站”目前覆盖区域内 68 栋楼宇、超过 8000 名党员和逾 20 万“白领”人士。

越是“高大上”越要“接地气”

这边是体育部门捐赠的健身器材，那边是图书馆提供的免费电子书下载服务。漫步“金领驿站”，这些贴心的细节和服务让人印象深刻。

“金融城的特点在于开放性。这里的党建活动也要有开放思维，善于整合社会资源，为党员和白领提供有效服务。”上海自贸试验区陆家嘴管理局党组书记、局长王华说。

威可楷投资有限公司党员张瑾是党建活动的拥趸。在她看来，陆家嘴这样“高大上”的地方，党建活动却很“接地气”。“比如，‘金领驿站’的微信号里专设‘白领需求’一栏。我们有锻炼方面的需求如练瑜伽，培训方面的需求如金融知识讲座，通过这个端口发上去，很快得到了反馈。”

记者在“金领驿站”的后台看到，运用微信收集和大数据分析等手段，平台形成了一张党员和群众在政治、生活和环境等方面的需求清单；同时，通过汇集政府、驻区单位和社会机构的优质资源，形成资源清单。两张清单在平台上精准对接，让党建活动的人气越来越旺。

“双培”工程培养德才兼备人才

渣打银行（中国）有限公司操作风险总监董述寅，另一个身份是企业的党总支书记。前不久，董述寅带领团队在“金领驿站”开展了一次党员活动。

“在企业内部，叫我董书记的人越来越多，甚至连CEO也这么称呼。”董述寅说，渣打刚成立党支部时，只有10多名党员，如今已发展到10个党支部近300名党员。

要在渣打这样的外资企业做好党建工作，董述寅的感受是“融合”。“在大银行内部，部门之间的信息经常是割裂的。我们以党员为主力军，开展跨部门的分享和培训活动，既促进了业务交流，也有利于党员成长为骨干员工。这样一来，就赢得了企业上下的支持。”

董述寅的经验，在陆家嘴金融城已经转化为一项制度——“双培”工程。薛英平介绍，通过推出“海归精英”、“金融之星”等品牌活动，陆家嘴建立了把骨干发展成党员，把党员培养成骨干的双向培育机制。几年下来，已把300余位骨干发展成为党员，100余名党员培养成企业骨干，为金融城的发展提供了有力人才支撑。

（原载新华网2017年6月29日，
网址：http://news.xinhuanet.com/politics/2017-06/29/c_1121233897.htm）

上海：强化金融风险源头防控和事中监测

新华社　何欣荣

日前，上海自贸试验区陆家嘴管理局发起倡议的《陆家嘴金融城楼宇公约》提出，要加强金融风险的源头防控和事中监测。

陆家嘴金融城拥有商办楼宇249幢。在集聚持牌金融机构的同时，近年来一些新型金融平台、投融资中介机构蓬勃发展。其中有的企业不具备经营资质，有的缺乏基本的风险控制体系，还有的借创新之名行非法之实。部分问题企业虽然不在陆家嘴注册，但看中金融城的品牌和楼宇环境，选择在陆家嘴办公，给区域带来金融风险隐患。

上海自贸试验区陆家嘴管理局局长王华说，2016年7月以来，根据上海市、区统一部署，陆家嘴开展了对区域内互联网资管、私募基金、P2P网贷等4000余家企业的排摸工作。2017年4月起，在上海市金融办支持下，管理局开始搭建区域金融风险防范系统。线上线下结合，并协同市场监管局和公安部门做好预警处置工作。

在取得阶段性成果的基础上，最新发布的《陆家嘴金融城楼宇公约》，对楼宇金融风险防范提出了具体操作流程建议。包括在引进阶段，对申请入驻的类金融企业进行股东背景、经营团队等六个维度的综合评判，对于存疑企业，由楼宇协会、互联网金融协会协助审核；在企业入驻后，通过大数据系统协助楼宇做好金融风险监测；对已明确存在风险的企业，建立稳妥有序的处置机制。

据介绍，《陆家嘴金融城楼宇公约》首批签约楼宇达54家，包括上海中心大厦、上海环球金融中心等知名楼宇。

在防范金融风险的同时，《陆家嘴金融城楼宇公约》还提出《资产管理机构入驻指引》，从牌照、资金存管等方面，帮助楼宇提高对新型资产管理机构的识别判断能力。“希望通过楼宇的自治自律，为区域金融创新奠定坚实基础。”王华说。

（原载新华网2017年8月1日，
网址：http://m.xinhuanet.com/2017-08/01/c_1121414415.htm）

外资资产管理公司接连落“沪”

新华社　桑　彤　陈　曦

7月以来，瑞银资产管理和纽银梅隆在中国（上海）自由贸易试验区获批外商独资企业资格和私募证券投资基金管理人牌照。随着越来越多外资资产管理公司的落“沪”和开展业务，上海陆家嘴金融城离成为全球资产管理中心的目标更近一步。

上周，位于陆家嘴金融城的瑞银资产管理成为第二家获得中国私募证券投资基金管理人备案资格的外资资管机构，也是第一家兼有QDLP（合格境内有限合伙人）和私募资格的机构。

而在2017年1月，富达利泰——富达在陆家嘴金融城的全资子公司，在中国证券投资基金业协会正式完成备案，成为首家可在中国境内募资、投资A股市场的外商独资私募机构。

另类投资管理协会（中国）董事、总经理吴帆表示：“从去年外资被正式允许在华设立WOFE（外商独资企业），开展私募业务以来，我们看到外资管理人的兴趣空前高涨。而陆家嘴金融城在推动自贸区金融创新政策以及具体商业软环境方面，开展了大量有成效的工作。”

目前，陆家嘴金融城已逐渐成为国际知名资产管理机构在中国发展业务的重要集聚地。陆家嘴管理局金融航运服务处机构服务资深主管徐璟介绍，目前有美、英、法、日等10余个国家40余家知名资产管理机构已经或即将在陆家嘴金融城设立机构。全球资产管理规模排名前十的机构中，加上刚完成设立的纽银梅隆，已有贝莱德、领航、富达、JP摩根、安联保险、安盛集团、德意志银行等八家设立了资管类WOFE。

此前通过QDLP等创新项目引入的部分外资管理人通过近年来的业务开展，对于在上海自贸试验区设立机构开展资产管理与投资业务的便利性有了更深切的体会。这也进一步推动很多QDLP管理人继续将WOFE业务团队及机构设立在自贸试验区，并进一步形成了外资金融机构的聚合效应。

据悉，管理资产规模高达5.4万亿美元的全球最大资产管理机构——贝莱德一直积极投入中国市场，并配合中国资本市场开放不断扩大投资。贝莱德海外投资基金管理（上海）有限公司总经理陈婷称，公司QDLP基金的成功发行加深了对中国资产管理行业监管理念的理解，厘清了投资者投资需求和风险偏好，为更好地适应中国本土的投资环境，进一步发展中国业务打下了基础。

前不久获得 WOFE 资格的先锋领航投资管理（上海）有限公司，表达了看好中国资管市场的机遇。在其看来，中国是全球业务中非常重要的一环，一方面中国证券市场非常年轻，另一方面中国的基金或资管行业还非常新。目前，中国公募基金的规模只有美国的约十二分之一。美国公募基金的规模相当于美国国家的 GDP，而中国的公募基金相当于中国国家 GDP 的 20%。就此来看，中国的基金行业未来会有长远的发展。

对于众多外资机构而言，选择上海落户正是看中了这一国际金融中心城市良好的政策商业环境。而陆家嘴金融城依托着上海自贸试验区的优势，正在打造全球著名的资产管理战略高地。

据悉，沪上第一高楼——上海中心大厦中一个叫做“陆家嘴高端财富管理上海中心基地”的金融服务平台即将启用。这里拥有 15 间小型办公室，就是为了向那些刚刚落地的海外高端财富管理、资产管理、金融科技等机构或者相关国际行业组织代表处提供灵活的办公环境，让他们可以更方便地了解中国的金融市场和资本市场，了解上海的营商环境，以便快速进入工作状态。

在吴帆看来，如果以 QDLP 为起始第一阶段，提升以上海自贸试验区为基地，辐射全国的全球资产配置能力，那么 WOFE 管理人的逐步落地则为第二阶段，实现外资管理人将上海自贸试验区作为中国的投资中心。

“未来，随着监管政策的放宽以及制度进一步创新，可以预计境外金融机构还会将上海自贸试验区作为运营中心、数据中心以及配置中国境内资产的中心。”吴帆说。

（原载新华网 2017 年 7 月 18 日，
网址：http: //news.xinhuanet.com/local/2017-07/18/c_1121340504.htm）

自贸区推动上海成为中国融资租赁行业集聚地

新华社　吴　宇

上海市租赁行业协会6月30日公布的统计数据显示，2011年，上海融资租赁企业仅有82家，资产规模1200亿元人民币，截至2016年底，上海融资租赁企业数量增至2089家，资产规模增至1.2万亿元，两项指数均占全国总量的三成左右。

目前，在上海自贸试验区陆家嘴区域，共有融资租赁总部型企业130余家，融资租赁资产总额约占上海全市一半；外高桥保税区域充分发挥上海自贸试验区政策先发优势和海关特殊监管区域免税、保税等政策优势，形成了融资租赁企业集聚高地和创新发展高地，截至2016年底，共有融资租赁母体公司1524家，保税区域租赁资产总额近5015亿元。

在上海2089家融资租赁企业中，内资融资租赁试点企业18家，外商投资融资租赁企业2064家，金融租赁企业7家。外资占比高度集中，显示出中国融资租赁市场正成为新的外商投资"高地"，市场前景看好。

据上海市租赁行业协会会长、中航国际租赁有限公司董事长赵宏伟介绍，伴随上海自贸试验区成立快速发展的融资租赁行业，目前业务范围已涵盖航空、船舶、工程机械、医疗设备、新能源、节能环保、基础设施及个人消费等领域。

上海市商务委员会副主任吴星宝认为，上海已成为中国融资租赁行业集聚地，上海自贸试验区的成立，为上海融资租赁行业发展创造了广阔的发展空间。

作为与银行信贷、资本市场并驾齐驱的三大金融工具之一，融资租赁集融资与融物、贸易与技术服务于一体，与实体经济结合紧密，上海融资租赁行业未来在促进相关产业转型升级、优化资源配置、拉动社会需求、支持中小微企业、促进中国制造"走出去"以及国外先进技术装备"引进来"等方面将发挥更加积极的作用，有望成为上海建设国际经济、金融、贸易和航运中心以及具有全球影响力的科技创新中心的助推器。

（原载新华网2017年7月1日，

网址：http：//www.xinhuanet.com/2017-07/01/c_1121244529.htm）

上海自贸试验区：“中国绿卡”申请周期缩短过半

新华社　周　蕊　何欣荣

“以后出差坐高铁，我也可以直接刷‘身份证’进站了。”来自日本的平泽顺成为上海自贸试验区陆家嘴片区首张“中国绿卡”的获得者。

受惠于中国公安部出台的支持上海科创中心建设出入境政策措施“新十条”，在上海自贸试验区工作的外籍人士申请“中国绿卡”的难度降低，周期也缩短至 4 个月。

平泽顺口中的“身份证”指的是外国人永久居留身份证。这张“身份证”的外观和普通的居民身份证相似，参照第二代居民身份证技术标准，外国人永久居留身份证中也嵌入了芯片，可以通过第二代居民身份证阅读机进行机读识别。

平泽顺 1985 年开始从事中日贸易，2014 年开始常住上海。“外国身份最‘麻烦’的是在使用交通工具的时候。比如以前我要提前半个小时到高铁站的人工窗口，凭护照和签注领取纸质的高铁票进站，现在就可以和大家一样‘刷卡’了。真的非常开心。”

2016 年年底，公安部出台支持上海科创中心建设出入境政策措施“新十条”。符合认定标准的外籍高层次人才，经上海张江国家自主创新示范区和中国（上海）自由贸易试验区管委会推荐，可直接申请在华永久居留（其外籍配偶和未成年子女可随同申请）。

“新十条”政策出台以来，仅陆家嘴片区就有 11 名满足条件的外籍人士正在准备材料申请“中国绿卡”。

（原标题为《上海自贸区：“中国绿卡”申请周期缩短过半》，
原载《亚太日报》2017 年 9 月 30 日）

浦东新区创新社会治理，“缤纷社区”为生活添色彩

新华社　孙倩雯

在口袋公园晒太阳、沿慢行路径散个步、于街角空间读会书……这一年，浦东新区为生活在这里的人们带来了不少惊喜。开门编规划，多方齐参与，过往不起眼的街角、路旁，在智慧创新与工匠精神的雕琢下，发生了精致的变化。在上海通往卓越全球城市的道路上，浦东新区正以“缤纷社区”建设为助力，为城市空间升温添彩。

以问题需求为导向，让社区“接地气有温度”

地处陆家嘴金融贸易区中心区域的陆家嘴街道，大多数区域属于建成区域，是浦东新区的深度城市化地区。这里的两元结构十分明显，居民区、商务区并存，高档住宅区与老公房住宅区形成鲜明差异。一方面，老旧小区住房条件、出行环境、物业管理等存在诸多问题；另一方面，辖区产城融合度不高，金融城核心区白领对生活配套、交通出行、人文品质等的需求十分迫切。

在陆家嘴街道办事处主任倪倩看来，想要描绘好社区的发展“蓝图”并非易事，为此，街道成立了“社区规划（城市更新）领导小组”。“让居民和志愿者亲身参与社区规划，他们和职能部门及相关专家一样，都是社区规划建设的主体力量，听证会、协调会、评议会上，都能听到来自居民的声音。”在陆家嘴街道，切合实际的日常需求不断转化为具体方案，社区规划也由此“接地气、有温度”。

“缤纷社区”行动计划实施后，一个个看得见的鲜活案例在陆家嘴街道涌现。位于福山路与商城路交叉口西南方向的福山路跑道花园，起初只是某健身房门前一片不起眼的公共空间。2016 年，健身房向陆家嘴街道提出对其进行改造并向社区开放的设想。街道向社区基金会提出了项目组织动员建议，在周边居民区开展需求调研的同时，基金会积极向社会专业人士进行推介，初步方案形成后，居民、设计师、专家等被邀请共同参与讨论，达成了公共空间更新方案的共识。

最终，陆家嘴街道出资 30 万元，商户出资 10 万元（其中 7 万元为服务捐赠），通过铺设塑胶跑道、提升景观绿化、改善人行道铺装、增设家具与路灯等，为居民新增了

一个崭新精致的好去处。今年5月，跑道花园成功举办街头沙龙，未来，这里还将成为趣味运动会的举办地。

多方同绘家园蓝图，创新基层社会治理路径

据悉，“缤纷社区”试点工作在浦东新区内环内的陆家嘴、洋泾、潍坊、塘桥、花木等五个街道首先开展。与以往由政府主导的“社会管理”不同，“缤纷社区”试点工作以社区自治、共治的方式，聚焦居民日常需求，进行社区微更新，激发社区自治共治活力。可以说，有心为家园建设出力的每一个人，都能从中找到自己的角色。

“‘缤纷社区’试点工作一直都在积极研究探索多层面、多主体、各种力量广泛参与的社会治理模式创新。”上海自贸试验区管委会陆家嘴管理局副局长薛英平介绍，街道作为城市基层社会治理创新工作的核心要素与关键主体，负责项目执行落实、搜集协调居民与规划设计方意见；而身为社会治理中重要一环的公益性社会组织，则依托自身平台协调管理方、利益方、设计方、民众等多方的诉求平衡。与此同时，融合了社会责任目标和商业手段的专业型机构，可较好把握公众需求与设计方案之间的平衡。部分企业，也成为重要的社会治理参与者；民心、民智、民力，则在居民及自发形成的自治组织中得以充分发挥。

多数项目年底现雏形，36个街镇明年全覆盖

据了解，“缤纷社区”试点工作选取了与居民生活密切相关的9类公共要素微更新项目，包括活力街道、口袋公园、慢行路径、设施复合体、艺术空间、林荫道、运动场所、破墙开放行动、街角空间等。截至目前，49个微更新项目中，4个公共活动类项目已如期完成，45个建设类项目到年底将完成80%。

根据浦东新区“缤纷社区”（内城空间）三年行动计划，浦东新区将对5处老旧小区进行整体更新，增加公共服务设施20处，增加21个口袋公园，打通40公里慢行路径，打造20公里活力街巷。作为美丽家园的主要抓手，2018年，“缤纷社区”工作将在浦东新区36个街镇全面推开、全域覆盖。

（原标题为《浦东创新社会治理，“缤纷社区”为生活添色彩》，
原载新华网2017年12月13日，
网址：http://www.sh.xinhuanet.com/2017-12/13/c_136822668.htm）

“温暖金融城·2017陆家嘴年度公益榜”揭晓

新华社

6月19日，“温暖金融城·2017陆家嘴年度公益榜”在上海国际会议中心揭晓，上海证券交易所、上海纽约大学、中国华信、上汽通用汽车金融、远东宏信、福特汽车、交通银行、花旗银行等33家企业或机构榜上有名，分获五大奖项。

本次活动由陆家嘴金融城理事会指导，上海自贸试验区陆家嘴管理局、陆家嘴金融城发展局、第一财经和上海交通大学上海高级金融学院共同主办，设立了资教赋能实践奖、社会责任实践奖、公益社群实践奖、环保责任实践奖、普惠金融实践奖五大奖项。在颁奖现场，“陆家嘴金融城公益联盟”和“陆家嘴金融城理事会品牌专委会”正式揭牌成立。

作为上海国际金融中心建设的核心承载区和上海自贸试验区金改的主战场，陆家嘴已集聚了800余家“银证保”持牌类金融机构、10余家国家级要素市场、300余家跨国公司地区总部和各类营运中心、销售中心、财务中心等，已经发展成为上海乃至中国最具国际影响力的金融机构和金融人才集聚区。

上海自贸试验区陆家嘴管理局主要负责人表示，此次“温暖金融城·2017陆家嘴年度公益榜”活动，旨在表彰那些长期支持乡村基础教育发展、持之以恒开展医疗援助、推动传统手工艺传承与保护的企业和机构，希望彰显企业和企业家有情怀、有关爱、有温度的性格特征，通过先进典型的示范，展现公益感召力、增强区域凝聚力、提升发展软实力。“我们希望陆家嘴不是冷冰冰的钢筋水泥森林，而是有温度的人文之城。”该主要负责人说。

（原载新华网2017年6月20日，
网址：http://sh.xinhuanet.com/2017-06/20/c_136379993.htm）

原创大型音乐剧集结逾百名金融城白领
第 11 届陆家嘴金融城文化节圆满收官

新华社　孙倩雯

由上海自贸试验区管委会陆家嘴管理局主办的第 11 届陆家嘴金融城文化节闭幕式暨原创大型音乐剧《梦之城》28 日晚在东方艺术中心成功上演。这部由陆家嘴金融城白领艺术社团集体创作的原创音乐剧，以用白领自己的艺术语言讲述自己的故事为宗旨，集中体现了持续开展文化陆家嘴系列活动、推动人文金融城建设的丰硕成果。浦东新区相关领导以及陆家嘴区域内主要机构、楼宇业主以及白领代表共同观演。

这部紧贴陆家嘴金融城实际的音乐剧集中反映了当下都市白领在爱情、友情、事业等方面的冲突和感悟，倡导珍视家庭、热爱生活、勇于奋斗的价值理念。此外，全剧的创排过程也充分体现了业界的共同参与。为体现真实性、引发情感共鸣，剧中主要人员的设定为陆家嘴真实机构的工作人员，各大机构都积极争取参与和露出机会；同时，该剧获得了知名商业银行的冠名赞助；各社团排演活动场地也得到了许多楼宇业主的大力支持。

在打造金融文化双高地的同时，陆家嘴金融城也在为既摩登又注重生活品质的数十万白领积极创造宜居、宜业、宜乐的人文环境。在过去的 2 个多月中，艺术、活动、竞赛三大类 10 余项参与度高、反响热烈的系列活动陆续亮相第 11 届陆家嘴金融城文化节，艺术类包括第二届“陆家嘴好声音”、陆家嘴万象世界音乐节等；活动类有绿岸艺术节、“雪域之光”西藏唐卡艺术珍品延伸特展等；竞赛类包含楼宇登高节、足球联赛等，数万名白领乐在其中。未来，陆家嘴金融城将继续以更加丰富多样的系列高品质文艺活动为载体，不断增强机构与白领的融入感和归属感，努力建设一个有温度、有情怀的金融城。

（原载新华网 2017 年 11 月 29 日，
网址：http: //sh.xinhuanet.com/2017-11/29/c_136788610.htm）

后　记

随着金融要素市场相继集聚、全球人民币中心地位不断巩固，上海国际金融中心建设已进入冲刺期。金融要素市场作为上海国际金融中心建设的重要部分，主动承接国家战略，发挥上海优势，积极推进产品、业务、服务和管理创新，获得了社会各界的广泛关注。

为进一步展示各单位“十三五”发展新思考、新规划、新作为，增强上海金融要素市场的影响力，为其实现创新发展、健康发展营造良好舆论氛围，上海市金融工作党委、市金融办、新华社中国经济信息社、陆家嘴金融城发展局、新华社新闻信息中心、第一财经、《新华每日电讯》、新华网、东方广播中心等共同主办了“‘新起点　新征程　新作为——论道陆家嘴·对话金融市场领导’全媒体大型访谈”活动。本次活动由《上海证券报》、东方网、第一财经广播联合主办。新华社客户端、《金融世界》杂志、中国金融信息网、东方财经·浦东频道为媒体支持。陆家嘴金融城全程支持。本活动举办期间，沪上5家金融市场领导分期出席访谈，与新华社记者直接对话。

《新起点　新征程　新作为——论道陆家嘴·对话金融市场领导》一书全面梳理并总结了本次访谈和上海金融要素市场助力上海国际金融中心建设的媒体报道，以及新华社关于上海国际金融中心建设的重要稿件，用新闻纪实的视角为广大读者展示了沪上5家金融要素市场改革创新、锐意进取的实践案例，为上海国际金融中心建设营造良好的舆论氛围。

“‘新起点　新征程　新作为——论道陆家嘴·对话金融市场领导’全媒体大型访谈”活动成功举办与本书的出版，离不开各界同仁的鼎力支持。在此，对各家协办单位、支持单位和兄弟媒体表示衷心的感谢。

《新起点　新征程　新作为——论道陆家嘴·对话金融市场领导》编委会

2018年1月

图书在版编目(CIP)数据

新起点　新征程　新作为：论道陆家嘴·对话金融市场领导/中国经济信息社编．—上海：上海人民出版社，2019
（新华社全媒体高端访谈）
ISBN 978-7-208-15341-7

Ⅰ．①新…　Ⅱ．①中…　Ⅲ．①地方金融事业-研究-浦东新区　Ⅳ．①F832.751.3

中国版本图书馆 CIP 数据核字(2019)第 174351 号

责任编辑　郭立群
装帧设计　范昊如

新华社全媒体高端访谈
新起点　新征程　新作为
——论道陆家嘴·对话金融市场领导
中国经济信息社 编

出　　版　上海人民出版社
（200001　上海福建中路 193 号）
发　　行　上海人民出版社发行中心
印　　刷　上海中华印刷有限公司
开　　本　787×1092　1/16
印　　张　8
字　　数　138,000
版　　次　2019 年 10 月第 1 版
印　　次　2019 年 10 月第 1 次印刷
ISBN 978-7-208-15341-7/F·2541
定　　价　56.00 元

陆家嘴金融城

陆家嘴金融城，1990年设立，区域总面积31.78平方公里，是目前全国唯一以“金融贸易”命名的国家级开发区。经过20多年开发建设，目前已形成了以金融业、航运服务业、现代商贸业为主导，以专业服务业、文化旅游会展休闲业为支撑的“3+2”的现代服务业产业结构体系。2015年4月，上海自由贸易试验区正式扩区至陆家嘴（陆家嘴片区面积24.33平方公里）。中国（上海）自由贸易试验区陆家嘴片区设立，陆家嘴作为上海国际金融中心核心功能区的地位愈发突显。

陆家嘴全景

目前，区域内共集聚4万多家企业和50多万各类从业人员。其中，银行类、证券类、保险类持牌金融机构825家；私募证券、股权投资、融资租赁、金融科技、信用评级、金融信息服务等新兴金融机构近6000家；船舶运输、船舶管理、航运科研、航运保险、航运经纪、航运法律、国际航运组织等航运企业和机构1224家；具有总部功能的机构300余家，其中经认定的跨国公司地区总部95家。此外，还有上海证券交易所、上海期货交易所、中国金融期货交易所、上海保险交易所、上海钻石交易所、上海石油交易所等交易市场，上海黄金交易所国际版、上海国际能源交易中心等13家面向国际的国家级要素市场。

世纪大道·日晷

陆家嘴金融城以建设国际一流金融城为目标，积极对标国际最高标准、最好水平，持续推进投资便利化、贸易自由化、金融国际化和监管制度创新，加快形成更加法治化、国际化、便利化的营商环境，全力打造上海国际金融中心的核心功能区和主体承载区、国际航运中心的高端服务区和国际贸易中心的总部集聚区。

陆家嘴夜景